近鉄沿線の不思議と謎

天野太郎・監修
Taro Amano

JIPPI Compact

実業之日本社

はじめに

近畿日本鉄道――国鉄に源を発するＪＲグループを除くと、日本最長の営業路線距離を有する鉄道会社である。その路線は、京都・大阪・奈良という歴史的な三都と、伊勢神宮をはじめとする三重県、そして中京圏の中心都市・名古屋を結ぶ広範なネットワークを誇っている。沿線地域は、古代から藤原京や平城京、難波宮や平安京といった宮都が展開した地域でもあり、まさに日本の歴史と文化、そして観光資源の宝庫である。

名前の「近畿」そのものが、古代の歴代の皇居が置かれた大和国・山城国・摂津国・河内国・和泉国の五か国を指す「五畿内」と、その周辺地域を含めた名称として成立してきたことからも、日本の歴史における中心地としての重要性がうかがわれる。

しかし、近鉄はたんなる歴史的な地域に存在する一電鉄会社にとどまらない。その沿線には郊外住宅が形成され、近鉄バファローズ（現・オリックス・バファローズ）という野球球団を持ち、遊園地といった遊興施設群がつくられ、沿線文化を育んできた。さらに近年においても、大阪府・京都府・奈良県の境界における学術研究の拠点として開発された関西学術研究都市へのアクセス鉄道（けいはんな線）としての役割を担うとともに、大阪阿倍野を中核としたターミナル・大阪阿部野橋駅の駅舎と一体となった日本最高層のビル・あべのハルカスをはじめとした大規模小売店舗の開発なども行なってきた。近畿日本鉄道は、古代からの歴史的な重層性の上に沿線を有し、現代、そして将来の街づくりを語る上で欠かすことのできない、この地域の基軸となる存在である。

本書では、こうした近鉄沿線に焦点を当てて、鉄道施設に対してだけではなく、近鉄が地域社会や沿線とどのような関わりを持ってきたか、そして周辺地域が創られてきたプロセスを歴史的に、地理的に読み解いていくことに大きな主眼を置いて編んだ。私たちの生活のなかでの身近な関心につながる幅広い視点から、地域を見ることができる構成となるよう意識して、広域な沿線に存在する項目のなかから、近鉄沿線を語る上で欠かせないものについて、紙幅の制約からその一端を選択して紹介してみた。沿線に位置する歴史的な地名の由来や都市集落の形成、さらには観光資源や寺社仏閣に関する問題など、地図・図像資料類も使用しながら論じた。

京都・大阪・奈良・三重・愛知といった近畿から中京圏にひろがる地域について、訪れる場所・名所としての「点」としてのありかただけでなく、近鉄をキーワードに、「線」として、そしてさらには重層的な「面」としての地域を読み解く手がかりを本書から見つけていただき、近鉄沿線を訪れる契機となれば望外の喜びである。

二〇一六年五月

天野太郎

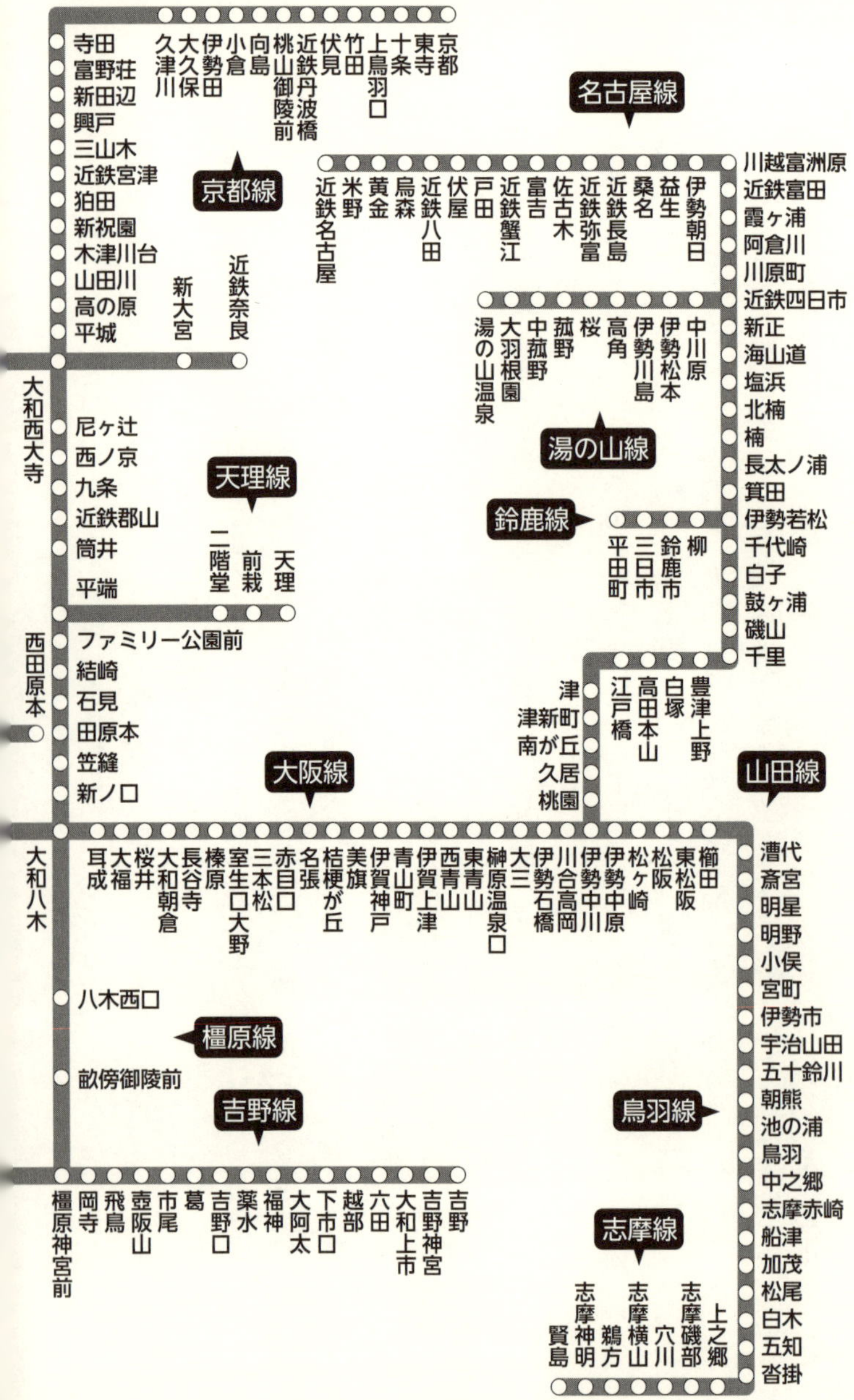
京都線
京都
東寺
十条
上鳥羽口
竹田
伏見
近鉄丹波橋
桃山御陵前
向島
小倉
伊勢田
大久保
久津川
寺田
富野荘
新田辺
興戸
三山木
近鉄宮津
狛田
新祝園
木津川台
山田川
高の原
平城
新大宮
近鉄奈良
大和西大寺
尼ヶ辻
西ノ京
九条
近鉄郡山
筒井
平端
天理線
二階堂
前栽
天理
西田原本
ファミリー公園前
結崎
石見
田原本
笠縫
新ノ口
大和八木
大阪線
耳成
大福
桜井
大和朝倉
長谷寺
榛原
室生口大野
三本松
赤目口
名張
桔梗が丘
美旗
伊賀神戸
青山町
伊賀上津
西青山
東青山
榊原温泉口
大三
伊勢石橋
川合高岡
伊勢中川
伊勢中原
松ヶ崎
松阪
東松阪
櫛田
橿原線
八木西口
畝傍御陵前
吉野線
橿原神宮前
岡寺
飛鳥
壺阪山
市尾
葛
吉野口
薬水
福神
大阿太
下市口
越部
六田
大和上市
吉野神宮
吉野
名古屋線
近鉄名古屋
米野
黄金
烏森
近鉄八田
伏屋
戸田
近鉄蟹江
富吉
佐古木
近鉄弥富
近鉄長島
桑名
益生
伊勢朝日
川越富洲原
近鉄富田
霞ヶ浦
阿倉川
川原町
近鉄四日市
湯の山線
中川原
伊勢松本
伊勢川島
高角
桜
菰野
中菰野
大羽根園
湯の山温泉
新正
海山道
塩浜
北楠
楠
長太ノ浦
箕田
伊勢若松
鈴鹿線
柳
鈴鹿市
三日市
平田町
千代崎
白子
鼓ヶ浦
磯山
千里
豊津上野
白塚
高田本山
江戸橋
津
津新町
南が丘
久居
桃園
山田線
漕代
斎宮
明星
明野
小俣
宮町
伊勢市
宇治山田
鳥羽線
五十鈴川
朝熊
池の浦
鳥羽
志摩線
中之郷
志摩赤崎
船津
加茂
松尾
白木
五知
沓掛
上之郷
志摩磯部
穴川
志摩横山
鵜方
志摩神明
賢島

近畿日本鉄道 路線図

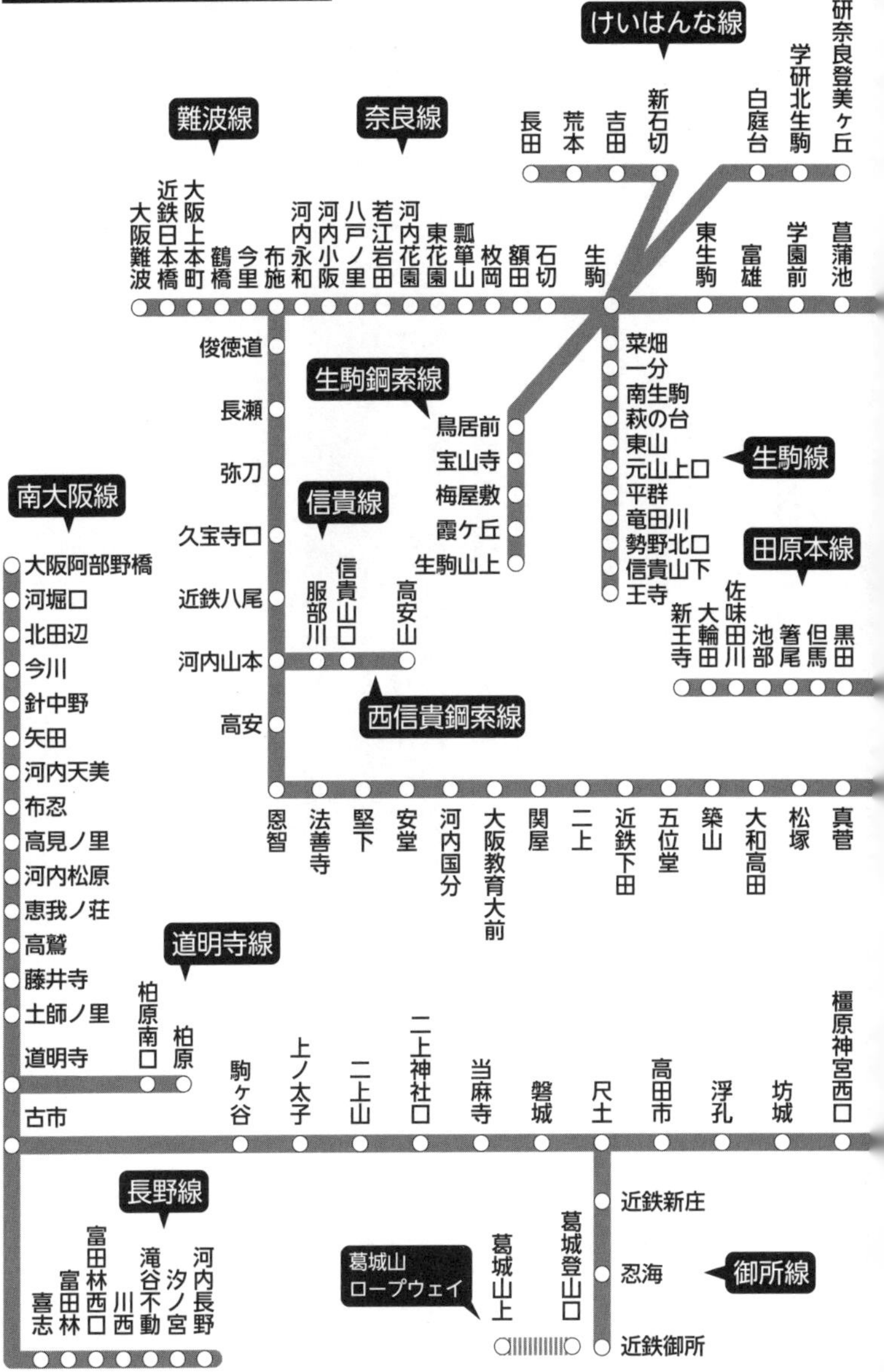
けいはんな線
難波線
奈良線
長田
荒本
吉田
新石切
白庭台
学研北生駒
学研奈良登美ヶ丘
大阪難波
近鉄日本橋
大阪上本町
鶴橋
今里
布施
河内永和
河内小阪
八戸ノ里
若江岩田
河内花園
東花園
瓢箪山
枚岡
額田
石切
生駒
東生駒
富雄
学園前
菖蒲池
俊徳道
長瀬
弥刀
久宝寺口
近鉄八尾
河内山本
高安
生駒鋼索線
鳥居前
宝山寺
梅屋敷
霞ヶ丘
生駒山上
菜畑
一分
南生駒
萩の台
東山
元山上口
平群
竜田川
勢野北口
信貴山下
王寺
生駒線
田原本線
信貴線
服部川
信貴山口
高安山
西信貴鋼索線
新王寺
大輪田
佐味田川
池部
箸尾
但馬
黒田
南大阪線
大阪阿部野橋
河堀口
北田辺
今川
針中野
矢田
河内天美
布忍
高見ノ里
河内松原
恵我ノ荘
高鷲
藤井寺
土師ノ里
道明寺
古市
恩智
法善寺
堅下
安堂
河内国分
大阪教育大前
関屋
二上
近鉄下田
五位堂
築山
大和高田
松塚
真菅
道明寺線
柏原南口
柏原
駒ヶ谷
上ノ太子
二上山
二上神社口
当麻寺
磐城
尺土
高田市
浮孔
坊城
橿原神宮西口
長野線
喜志
富田林
富田林西口
川西
滝谷不動
汐ノ宮
河内長野
葛城山
ロープウェイ
葛城山上
葛城登山口
近鉄新庄
忍海
近鉄御所
御所線

近鉄沿線の不思議と謎《目次》

第一章 日本最長の路線網・近鉄の歴史&トリビア

01

02

第二章 えっ? そうだったの!? あの名所の驚きの新事実発見!

第三章 見慣れた風景に潜む不思議！ 近鉄沿線謎解き探検 03

第四章 「地理」を紐解けば見えてくるあの「謎」の答え

04

第五章 なるほど、そういう由来があったのか！ 納得の地名ルーツ

05

◎凡例 各項目見出しの下には、最寄りの路線名と駅名、近畿日本鉄道の駅ナンバリングが記されています。アルファベットは、A＝難波・奈良線、B＝京都・橿原線、C＝けいはんな線、D＝大阪線、E＝名古屋線、F＝南大阪・吉野線、G＝生駒線、H＝天理線、I＝田原本線、J＝信貴線、K＝湯の山線、L＝鈴鹿線、M＝山田・鳥羽・志摩線、N＝道明寺線、O＝長野線、P＝御所線を、数字は、駅番号を表わしています。
本書の内容は、とくに明記がない場合は二〇一六（平成二八）年二月時点の情報に基づいています。

カバーデザイン・イラスト／杉本欣右　本文レイアウト／Ｌｕｓｈ！　本文図版／イクサデザイン

第一章
日本最長の路線網・近鉄の歴史&トリビア

日本最大の私鉄・近鉄
創業時の苦難と発展の歴史

近鉄全線

近畿日本鉄道（以下、近鉄）は、総延長五〇八・一キロメートルに及ぶ日本最長の路線網を誇り、百貨店やホテル、旅行会社など多くのグループ企業を傘下に持つ。そんな近鉄でも、決して経営が順風満帆というわけではなかった。じつは創業時、会社の存続が危ぶまれるほどの財政難に陥っている。

それは、近鉄の前身・大阪電《おおさかでん》気《き》軌道《きどう》時代（設立当初は奈良軌道株式会社）のことだった。大阪電気軌道は一九一〇（明治四三）年、大阪の代議士や沿線の地主らによって、大阪と奈良を結ぶという目的のもと設立された。

当時、大阪〜奈良間には、すでに関西鉄道の関西本線（現・JR関西本線）と片町線（現・JR片町線）の二線が開通していた。既路線はどちらも、大阪と奈良の間に位置する標高六四二メートルの生駒山を南北から迂回するルートで敷設されており、かつ蒸気機関車であったため、運転時間が長かった。関西本線の天王寺《てんのうじ》〜奈良間が七五分で結ばれていたほどだ。

時間短縮が可能になれば、関西本線から多くの乗客が流れてくるはず――そこで大阪電気軌道は、生駒山をトンネルで貫くルートを計画した。

しかし、トンネルを掘削する工事は難航を極めた。当初、建設費は五七〇万円を想定していたが、湧水や地質の変化に悩まされて思うように工事は進まなかった。工期が延びたことで工費も膨れ上がり、最終的には八二〇万円にまで達した。

結局、トンネルが完成するまでに二年一〇か月もの歳月がかかったが、一九一四（大正三）年、生駒トンネルは開通を迎えた。全長三三八八メートルという、当時では国鉄中央本線の笹子トンネルに次ぐ長さを誇った。

金策に駆けずり回った創業期

一九一四年四月三〇日、大阪電気軌道・上本町《うえほんまち》（現・大阪上本町）～奈良（現・近鉄奈良）間の営業が開始された。運賃は、関西本線の三等賃金が四二銭だったのに対して、二五銭と安く設定された。また運転時間も五〇分と、関西本線より二五分も短縮された。大阪電気軌道は多くの乗客の利用を想定し、それによってトンネル建設にかかった莫大な工費を返済しようともくろんだ。

しかし、その思惑は外れ、期待していたほど乗客数は伸びなかった。

当時、沿線にはあまり住宅がなかったため、乗客のほとんどは、奈良への行楽客で占められていた。そのため雨の日やオフシーズンになると乗客は激減し、当初期待されていた収入を大幅に下回った。工費の支払いもままならず、大阪電気軌道は金策に追われることになる。

そのような状況下、世間からは莫大な借金を背負った会社だと見なされてしまう。すっかり信用を失った大阪電気軌道は、切符の印刷や発電所で使う石炭の調達もツケでは購入することができず、そのときごとに現金払いをせざるを得なかった。毎日、運賃箱の小銭を回収することで、それらの支払いに対応するほどだった。

社員の給料を支払うのも一苦労であった。給料を支払うためにも各駅の運賃箱の小銭が利用されたため、給料の支給は営業終了後、夜遅くになってからだった。生駒山にある寳《ほう》山寺《ざんじ》に回数券を大量に購入してもらったり、賽銭箱の賽銭を貸してもらったという逸話も残っている。

このような苦節の時期を味わったが、一九一五（大正四）年、大阪電気軌道は、株主や経営陣から協議委員を選出して会社更生に着手。二五〇万円分の優先株五万株と三〇〇万円の社債を発行した。さらに翌年には、一〇〇万円の減資を行なって、トンネル建設費を返済、債務整理を完了させたのである。

近畿日本鉄道の沿革

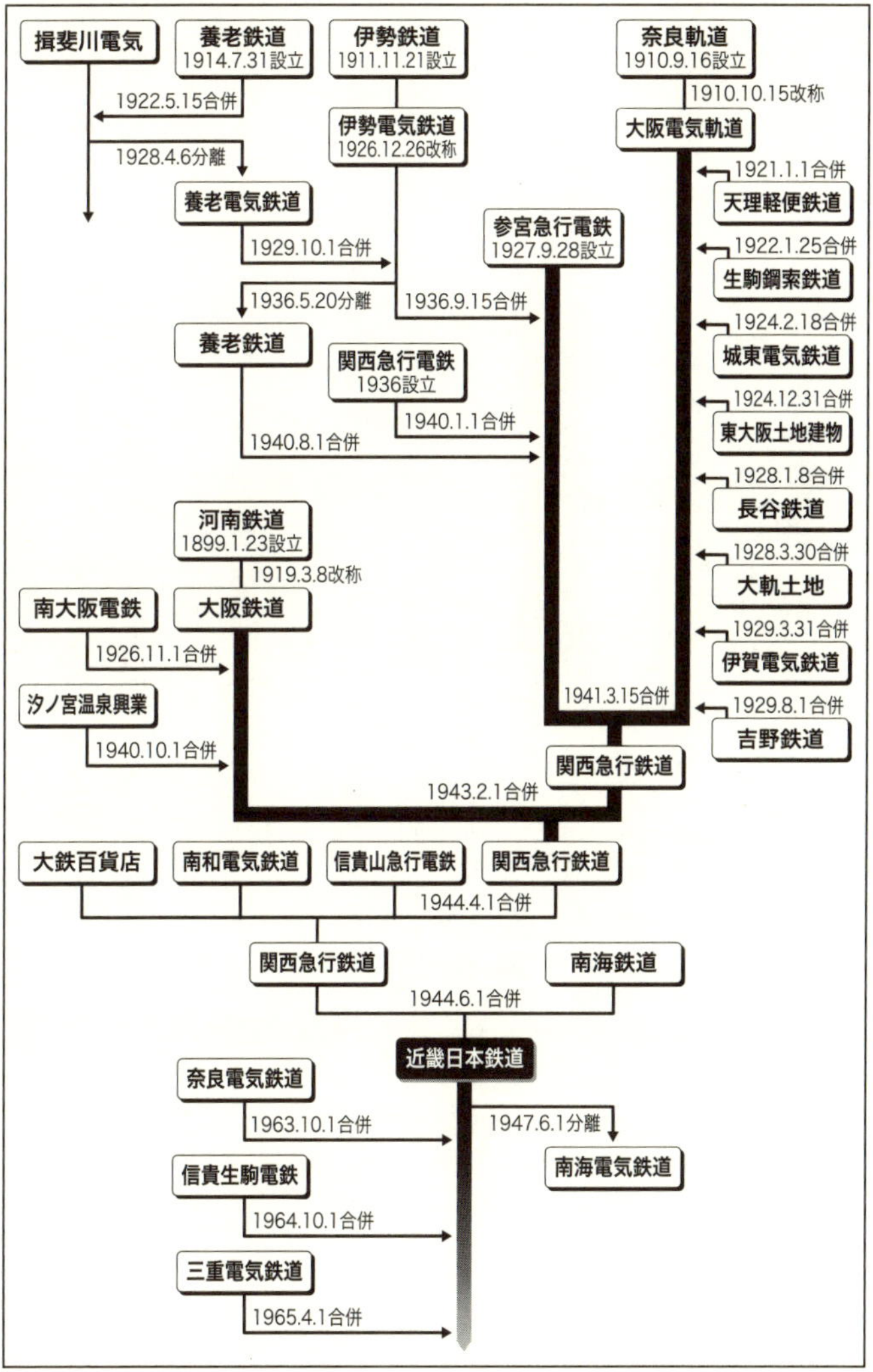
揖斐川電気
養老鉄道
1914.7.31設立
伊勢鉄道
1911.11.21設立
奈良軌道
1910.9.16設立
1922.5.15合併
1910.10.15改称
伊勢電気鉄道
1926.12.26改称
大阪電気軌道
1928.4.6分離
1921.1.1合併
天理軽便鉄道
養老電気鉄道
参宮急行電鉄
1927.9.28設立
1929.10.1合併
1922.1.25合併
生駒鋼索鉄道
1936.5.20分離
1936.9.15合併
1924.2.18合併
養老鉄道
城東電気鉄道
関西急行電鉄
1936設立
1924.12.31合併
1940.1.1合併
東大阪土地建物
1940.8.1合併
1928.1.8合併
長谷鉄道
河南鉄道
1899.1.23設立
1928.3.30合併
大軌土地
1919.3.8改称
南大阪電鉄
大阪鉄道
1929.3.31合併
伊賀電気鉄道
1926.11.1合併
汐ノ宮温泉興業
1941.3.15合併
1929.8.1合併
吉野鉄道
1940.10.1合併
関西急行鉄道
1943.2.1合併
大鉄百貨店
南和電気鉄道
信貴山急行電鉄
関西急行鉄道
1944.4.1合併
関西急行鉄道
南海鉄道
1944.6.1合併
近畿日本鉄道
奈良電気鉄道
1963.10.1合併
1947.6.1分離
南海電気鉄道
信貴生駒電鉄
1964.10.1合併
三重電気鉄道
1965.4.1合併

その後、沿線における住宅地開発や観光開発に力を入れたこともあり、徐々に乗客数は増加。また、一九二一（大正一〇）年には畝傍線《うねび》（現・橿原線《かしはら》）を、一九二七（昭和二）年に参宮急行電鉄を設立して伊勢方面へ進出するなど、積極的に路線網の拡大を図った。一九四一（昭和一六）年、大阪電気軌道は参宮急行電鉄と合併して関西急行鉄道と改称。一九四四（昭和一九）年には、南海鉄道（現・南海電鉄）と合併し、ついに近畿日本鉄道が成立する。

戦後、近鉄は南海と分離するが、一九六三（昭和三八）年一〇月一日に奈良電気鉄道（現・京都線）を、一九六四（昭和三九）年一〇月一日に信貴《しぎ》生駒電鉄（現・信貴線）を、一九六五（昭和四〇）年四月一日に三重電気鉄道（現・湯の山線、志摩線）を合併。こうして近鉄は私鉄のなかでも最大の路線延長を誇ることとなり、その営業エリアは大阪府、京都府、奈良県、三重県、愛知県にまで及ぶこととなった。

二〇〇六（平成一八）年には関西文化学術研究都市の足となるけいはんな線を開業。また鉄道以外でも、二〇一四（平成二六）年三月七日に日本一の超高層ビル「あべのハルカス」を全面開業するなど、大規模な都市開発プロジェクトを手掛けている。

日本一の私鉄・近鉄の歩みが止まることはない。

酒造業者の決死の訴え！

伏見の酒を守った高架橋

京都線

京都～大和西大寺《やまとさいだいじ》間三四・六キロメートルを結ぶ京都線は、日本の二大古都・京都と奈良を結ぶ都市間連絡路線である。大和西大寺駅では奈良線や橿原線と連絡、また、一九八八（昭和六三）年からは竹田《たけだ》駅で京都市営地下鉄烏丸《からすま》線との連絡を開始したことで、その輸送体制は充実したものとなった。現在は観光や通勤・通学路線として、近鉄の基軸の一翼を担っている。

ただし、もともと京都線は近鉄の路線ではなかった。大阪電気軌道と京阪電気鉄道が出資して設立された奈良電気鉄道が、一九二八（昭和三）年に敷いた路線である。さらにいえば、京都～桃山御陵《ももやまごりょう》前間は、国鉄奈良線の廃線跡を活用したものであった。

折しも、同年一一月一〇日、昭和天皇の即位式が京都御所で行なわれることになっていた。

奈良電気鉄道は、これを機に拝観・観光客を取り込むべく、京都と奈良を結ぶ路線の建設を急いだ。そこで同年一一月三日、西大寺（現・大和西大寺）～桃山御陵前間を、一一月一五日、桃山御陵前〜京都間を開業した。

このとき、現在の路線のうち、桃山御陵前〜向島《むかいじま》間に総延長七九四メートルの伏見《ふしみ》第一高架橋、竹田〜伏見〜近鉄丹波橋《たんばばし》間に総延長一〇〇八メートルの伏見第二高架橋が建設された。

当初、奈良電気鉄道は伏見付近を高架化する気はなかった。もともと桃山丘陵地にある陸軍工兵隊練兵場を横断する予定だったが、軍当局から軍用地内の通過を反対されたため、軍用地の地下に軌道を敷設する計画に変更。深さ約九メートルのところに幅約九メートルのトンネルを掘ろうとした。

ところが、この計画に対して思わぬところから反対の声が上がる。伏見の酒造組合である。

地下化を巡る騒動の勃発

伏見は、兵庫県の灘《なだ》と並ぶ銘醸地として名高い。それを支えてきたのが、伏見の地下を流れる伏流水の存在だった。

鉄分が少なく、カリウムやカルシウムといったミネラル分を適度に含む良質な地下水があったからこそ、伏見では酒造業が発達した。現在も酒造用水のほぼすべてを地下水に依

大正時代の京都周辺路線網

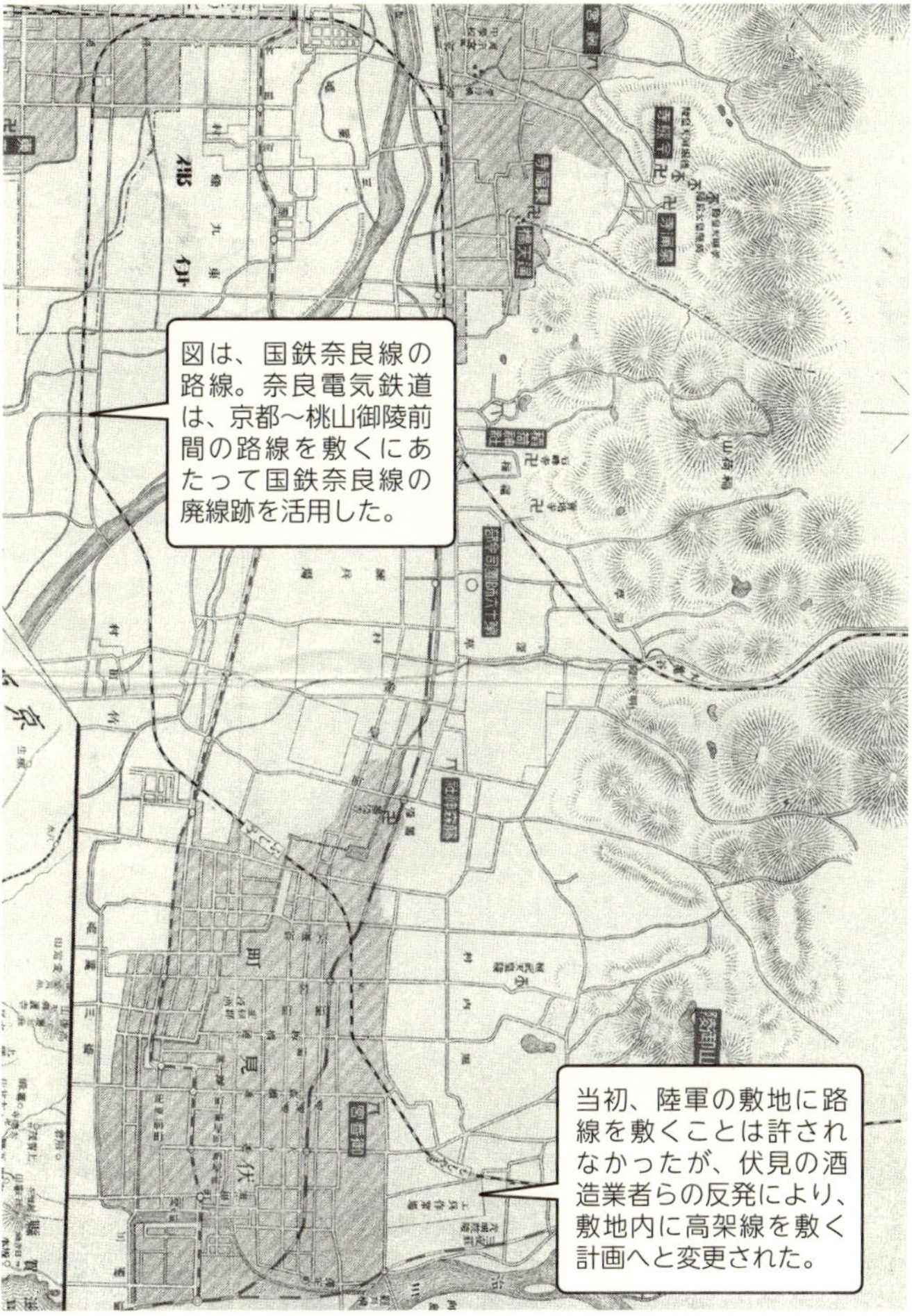
図は、国鉄奈良線の路線。奈良電気鉄道は、京都〜桃山御陵前間の路線を敷くにあたって国鉄奈良線の廃線跡を活用した。
当初、陸軍の敷地に路線を敷くことは許されなかったが、伏見の酒造業者らの反発により、敷地内に高架線を敷く計画へと変更された。

1915(大正4)年11月10日発行の『京都市附近案内図』(部分)。地図右下に「工兵作業場」という文字が見える。当初、奈良電気鉄道はこの敷地の地下を通る路線計画を立てたが、伏見の酒造業者らの反対にあい、高架計画へと切り替えた。

存している。

地下鉄計画が持ち上がると、伏見の酒造業者らは地下水への影響を懸念し、京都帝国大学理学部教授で地質学が専門の松原厚に調査を依頼。

調査の結果、地下鉄を敷設することで伏見の地下水は枯渇《こかつ》する危険性があることが判明した。

そこで酒造業者らは、奈良電気鉄道をはじめ、大蔵省や鉄道省、陸軍省へ強く働きかけ、計画の変更を申し入れた。ついには、地下鉄化計画の阻止に成功。その代わりに陸軍の練兵場に高架線を通す計画を、陸軍に同意させたのであった。

こうして奈良電気鉄道は伏見区間に高架線を通し、京都線を全通させた。この高架橋のおかげで、伏見の酒が守られたといっても過言ではない。

その後一九六三（昭和三八）年、奈良電気鉄道は近鉄に吸収合併されることとなり、京都線は近鉄の路線となった。

だが伏見第一高架橋、伏見第二高架橋が、かつての奈良電気鉄道時代の記憶をいまに伝えてくれている。

近鉄奈良発京阪三条行き⁉ 近鉄と京阪、相互直通時代の名残

京都線　B 07

近鉄丹波橋
きんてつたんばばし
← Kintetsu-Tambabashi

京都市南部に位置する伏見区には、京都線の近鉄丹波橋駅がある。一九二八（昭和三）年、京都線の前身である奈良電気鉄道が西大寺（現・大和西大寺）～京都間を開通させたときに「堀内」駅として開業した。

そこから五〇メートルほど西へ行けば、二面四線のホームを持つ、京阪本線の丹波橋駅が見えてくる。京阪の丹波橋駅は一九一〇（明治四三）年、桃山駅として開業した。一九一三（大正二）年、現在の駅名に改称している。

近鉄と京阪の丹波橋駅は、両線の乗り換え駅となっている。両駅の間には長い連絡橋が架けられており、多くの乗り換え客に利用されている。

じつは、この両線の間でかつて京阪の丹波橋駅を介した直通運転が行なわれていたことがある。それを指し示すのが、京阪の丹波橋駅の南東に残る長さ一〇〇メートル余りの待避線だ。これはかつての直通運転用に敷設された連絡線の跡なのである。また、京阪の丹波橋駅北側にある自転車置き場も連絡線の跡地だ。

これらの跡地が示す直通運転はどのように行なわれ、そしてなぜ現在は行なわれていないのか。両線の歴史を紐解いていこう。

二〇年以上も運行された直通列車

もともとこの直通運転の計画が立てられたのは、戦時中の一九四三（昭和一八）年のことだった。鉄道は、緊急時に戦時用物資や兵士の輸送を担う重要な施設である。奈良電気鉄道と京阪の線路が接続していれば、万が一どちらかの路線が被災しても、一方の線路を介して運行することができる。そのため両社は、京阪の丹波橋駅を共同使用駅として改造して相互直通運転を行なう運輸協定を一九四三年二月に締結。翌年から工事を開始した。両社ともに標準軌（一四三五ミリメートル）で六〇〇ボルトの架線電圧であったため、京阪の丹波橋駅の工事をするだけで事は済んだ。

行なわれた工事は、京阪の丹波橋駅を大阪方面へ約八七メートル移転し、その南北に奈良電気鉄道へとつながる連絡線を新たに敷設するというものだった。南側は奈良電気鉄道の桃山御陵前駅へと接続され、それまで使用されていた堀内駅は休止とされた。

しかし、軍当局から「ホーム工事に際してセメントを極力節約するように設計せよ」との指示が下るほど、国全体が物資に困窮していた。そうした事情から、京阪線と奈良電気

京阪との相互乗り入れ計画図

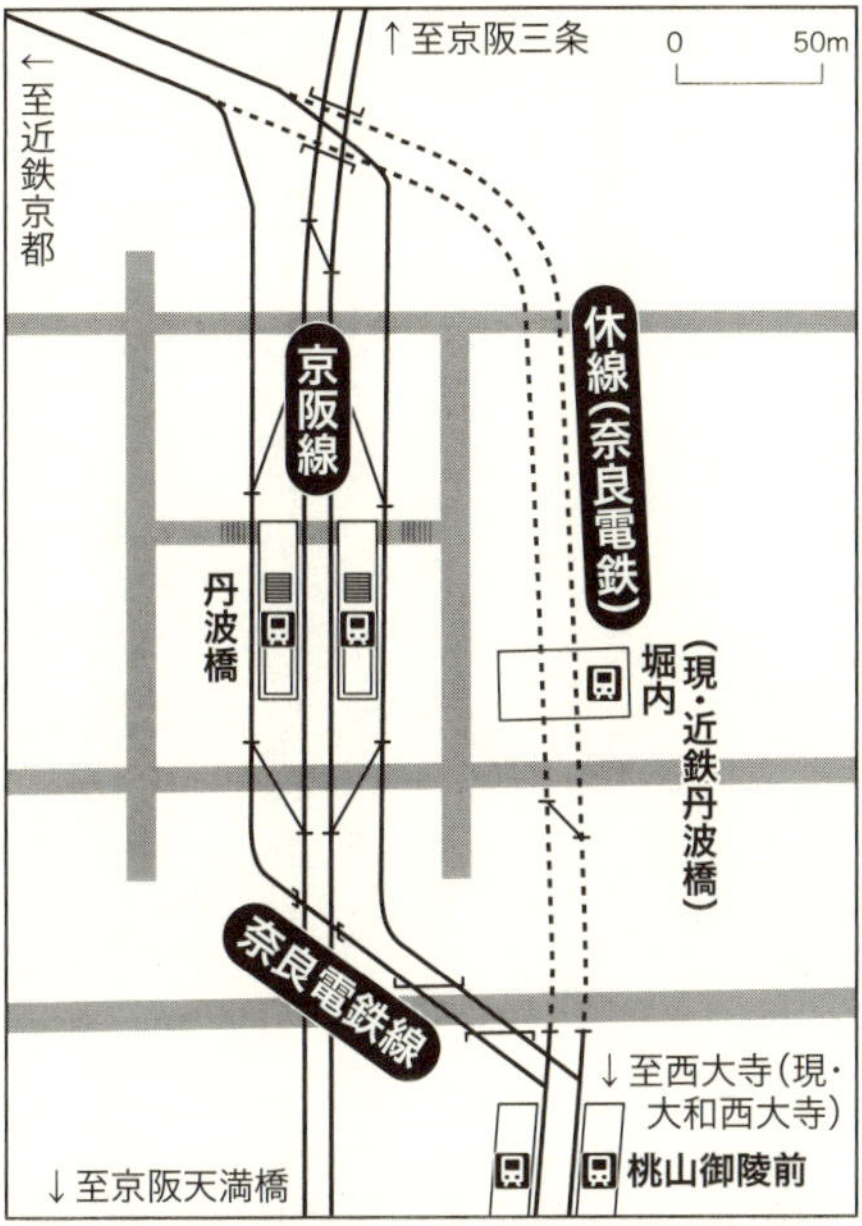

1943年、奈良電気鉄道と京阪は、京阪の丹波橋駅を介して相互直通運転を行なう計画を立てる。実際に工事が終わったのは1945年のことだった。

鉄道の路線の立体交差計画は、平面交差へと変更されている。

工事が完了したのは終戦後のことだった。そして戦後間もない一九四五（昭和二〇）年一二月、京阪の丹波橋駅を介した相互直通運転が開始された。

こうして奈良電気鉄道の列車は、奈良駅から京阪の丹波橋駅を経由して京阪三条駅へ達し、また京都駅を出発した列車は京阪宇治駅や枚方《ひらかた》公園駅などへ乗り入れた。

同じく京阪の車両もまた、奈良電気鉄道の線路を走り、奈良駅などに発着した。

乗降客からは、直通運転で便利になったこと以上に、京阪の丹波橋駅のホームで京阪・奈良電気鉄道の乗り換えができることが、何よりも喜ばれたという。一九六三（昭和三八）年に奈良電気鉄道が近鉄となったあとも、直通運転は継続された。

しかし、一九六八（昭和四三）年一二月一九日に直通運転は中止され、駅の共同使用も解消される。そして休止していた堀内駅が、近鉄丹波橋駅として復活した。

当時の日本は高度経済成長のさなかにあり、大都市圏への人口集中が進んでいた。乗降客の増加を背景として、各鉄道会社では、通勤・通学時の混雑緩和のため、輸送力増強が課題となっていた。そこで近鉄は、高速運転・高頻度運転を行なうために、架線電圧を六〇〇ボルトから一五〇〇ボルトに昇圧させることにした。車両を大型化し、一編成あたりの輸送客を増やすためである。これにより、当時、六〇〇ボルトで運行されていた京阪の車両規格からは外れ、直通運転は困難となった。

また、ダイヤの高密度化のためには平面交差を解消し、両社の線路を分離する必要があった。

こうして、時代の流れにより、直通運転は廃止されたのであった。

幻の「岐阜線」計画、近鉄が断念せざるを得なかったワケ

近鉄全線

岐阜県大垣《おおがき》市から県道三一号岐阜垂井《たるい》線を安八《あんぱち》郡方面へ向かって走ると、揖斐川《いびかわ》に架かる揖斐大橋へと至る。橋長約三八五メートル、幅員約一五メートルの堂々たる橋だ。

現在、揖斐大橋は道路専用橋となっているが、建設当初、じつは道路と鉄道との併用橋にするという計画があった。よく見ると、橋の上部には架線用の支柱が残る。また、橋の北側約八メートルは県道として、南側約七・四メートルは鉄道線として使用する計画で工事が進められたため、橋の下部を見ると、構造が南北で異なっていることがわかる。

この橋を通る予定だった路線を、岐阜線という。岐阜～西大垣間を結ぶ路線の敷設を、なぜ近鉄は断念したのか。その歴史を振り返っていこう。

幻に終わった岐阜線計画

岐阜線計画が初めて取り沙汰されたのは、一九二八（昭和三）年六月のことだった。養老電気鉄道が養老線・西大垣～国鉄岐阜間一七・五キロメートルの鉄道敷設免許を申請し

ている。

しかし、養老電気鉄道は経営難に陥ってしまう。そこで伊勢電気鉄道が同社を吸収。債務整理にあたるとともに、岐阜線の敷設免許を受け継いだ。ところが、一九三一（昭和六）年、免許認可にあたり、時の鉄道大臣に対して賄賂を贈ったことが発覚、社長の熊沢が拘留されるという事態に陥る。必然と伊勢電気鉄道の経営も悪化。とてもではないが、岐阜線を建設する余裕はなくなった。

そのような状況下、岐阜県から次の案が提示される。それは、岐垣《ぎえん》国道（岐阜～大垣間）の建設に際し、揖斐川と長良《ながら》川を渡す鉄橋を鉄道道路併用橋として共用するという計画だった。つまり、橋梁建設にかかる費用の半分を岐阜県が、もう半分を伊勢電気鉄道が負担するというものである。

伊勢電気鉄道にとっては望ましい提案だった。伊勢電気鉄道はこれを受諾すると、一九三二（昭和七）年二月、岐阜線の一部区間の工事施工認可を得た。

こうして一九三三（昭和八）年、揖斐大橋は完成した。鉄道は橋の南側を走る計画であったため、南側部分には舗装がなされなかった。

ところが、伊勢電気鉄道の台所事情は厳しく、負担金額である一二四万五〇〇〇円のうち、実際に県に支払ったのはわずか一一〇六円に過ぎなかった。結局、伊勢電気鉄道は経営を再建することができず、その負債は同社を合併した参宮急行電鉄、大阪電気軌道などが精算。そして事業免許は、最終的に近鉄へと受け継がれた。

当初、近鉄はなかなか岐阜線の敷設に乗り出そうとしなかったが、一九五九（昭和三四）年、東海道新幹線の新駅が岐阜県羽島《はしま》市に設置されることが決まると、その二年後、大垣市と羽島市とを結ぶ鉄道敷設を計画した。

そんな近鉄の前に立ちはだかったのが、名古屋鉄道（名鉄）だった。近鉄の岐阜進出に危機感を抱いた名鉄は、竹鼻線・江吉良《えぎら》駅から岐阜羽島を結ぶ鉄道計画を打ち出し、一九六三（昭和三八）年五月、敷設免許を取得した（現・名鉄羽島線）。これにより、近鉄の免許申請は受諾されなかった。

こうして、近鉄の岐阜線計画は頓挫した。岐阜への進出を断念した近鉄は、一九六四（昭和三九）年、鉄橋を完全道路舗装化する合意を岐阜県と交わす。同年一〇月、揖斐大橋の鉄道線部は道路スペースとして拡幅された。

現在も威容を誇る揖斐大橋には、かつての近鉄のほろ苦い歴史が秘められているのだ。

丸型柱と角型柱、二つの柱が示す駅の歴史

名古屋線 E01
近鉄名古屋
きんてつなごや
←Kintetsu-Nagoya

名古屋線は、近鉄名古屋駅から伊勢《いせ》中川《なかがわ》駅を結ぶ全長七八・八キロメートルの路線で、近鉄の主要路線のひとつだ。

愛知県の名古屋と三重県の松阪《まつさか》、津《つ》、四日市《よっかいち》、桑名《くわな》といった諸都市を結び、三重県から名古屋方面への通勤・通学を担うとともに、名古屋方面から山田線を経由して伊勢・志摩《しま》方面へ乗客を運ぶ観光路線にもなっている。

この名古屋線の東のターミナルが近鉄名古屋駅である。四面五線の頭端式櫛型ホームであり、一日一〇万二六八七人の乗降客が利用している（二〇一二年、近鉄調べ）。

柱から見るホーム拡張の歴史

この広いホームを見渡すと、丸型と角型、二種類の柱が使われていることがわかる。一番線から三番線は丸型の柱、四番・五番線は角型の柱だ。いったい、なぜ柱の種類を使い分けているのだろうか。

近鉄名古屋駅が開業したのは、一九三八（昭和一三）年のことである。当初は二面三線のホームだった。現在の一番線から三番線にあたり、一日約一万六〇〇〇人が利用した。建設するにあたり採用されたのは、丸型の柱だった。

しかし終戦を経て、中京圏が経済的に発展すると、乗降客数は大幅に増加。一九五八（昭和三三）年には、一日あたり約七万八〇〇〇人にまで達している。

近鉄名古屋駅ホーム。丸型と角型の柱は、駅の拡張の歴史を示している。

それまでのホームでは対応しきれなくなったため、一九六七（昭和四二）年、近鉄はホームの拡張工事に着手。二面二線を新たに増設し、現在の四番・五番線を設置した。このとき近鉄は、丸型ではなく角型の柱を使った。つまり、開業時と拡張時とでは使われた柱が異なっているため、現在、近鉄名古屋駅で二種類の柱を見ることができるというわけだ。

それにしても、まだ疑問は残る。拡張工事で新たにホームをつくったとして、わざわざ柱の形を変えたのはどうしてなのか。

その答えは、残念ながらよくわかっていない。近鉄名古屋駅の駅員によると、丸型の柱よりも角型の柱のほうが、耐震面で優れていることから使われたのではないかという。

かつて近鉄と名鉄は相互直通運転をしていた!?

名古屋線 **E 01**

近鉄名古屋
きんてつなごや
← Kintetsu-Nagoya

名古屋線の終着駅・近鉄名古屋駅は四面五線のホームを持つ地下駅で、名鉄名古屋駅の地下ホームと隣接している。名鉄のほか、名古屋市営地下鉄やＪＲ東海の各路線、名古屋臨海高速鉄道との乗り換え駅としても利用される。

この名古屋駅は、構内が複雑であることで知られている。各路線の乗り換え経路が難解であることから、「名駅（名古屋駅）」の愛称を揶揄《やゆ》して「迷駅」と称されるほどだ。

そんな「迷駅」が、二〇二七（平成三九）年のリニア中央新幹線開業に合わせた再開発で、大きく様変わりしようとしている。駅前の再開発に伴い、近鉄と名鉄の改札口共通化が検討されているのだ。現在の名鉄名古屋駅北口周辺の地下に、両社共通の改札口を設ける方向で調整中だという。両社共通の改札口ができれば、難解な乗り換え経路も改善され乗客の利便性は高まる。

利用者優先のすばらしいアイデアであるが、じつはこのような試みは、すでに一度実施されていたことがあった。

乗客の利便性のために築かれた近鉄と名鉄の協力関係

近鉄名古屋駅は当初、近鉄の前身・関西急行電鉄の「関急名古屋」駅として開業した。一九三八（昭和一三）年六月二六日のことである。一方、一九四一（昭和一六）年八月一二日には関急名古屋駅に隣接して、新名古屋駅（現・名鉄名古屋駅）が開業した。

両駅が隣接した位置に開業したのは、近鉄初代社長・種田虎雄《おいた》の影響が大きい。種田は常々、「鉄道は大衆へのサービス」という信念を掲げていた。そこで、近鉄・省線（現・JR）・名鉄がともに協力して、乗客の利便性を図ることが大事だと考えた。その考えを実践するため、種田は、わざわざ省線のホームの地下部分に駅を設置し、乗り換え客の便宜を図ったのだ。名鉄の新名古屋駅の開業にあたっても、「省線と近鉄と名鉄の三社が集まる一大総合駅」の構想を名鉄側に訴え、同じ場所で駅を開業しようと誘った。こうして、名鉄の駅も省線の地下に開業し、近鉄と名鉄が隣接する現在の構造ができ上がった。両社は、地下連絡口を共同で使用したり、共同の改札口を設けたり、名鉄側のコンコースでも近鉄の切符販売口を設けたりといった協力関係を築いた。

さらに、一九五〇（昭和二五）年八月からは、近鉄と名鉄の間で相互直通運転が実施された。団体列車に限られてはいたが、駅構内には両線をつなぐ渡り線が設けられ、両社の車両が往来していた。名古屋線の列車は、北部の犬山《いぬやま》方面や東部の豊橋《とよはし》方面へ、名鉄の列車は伊勢中川や養老へ乗り入れた。

両社の連携が実施された理由として、前述した種田の理想とともに、当時の名古屋線と名鉄の軌間がともに一〇六七ミリメートルの狭軌だったこと、また競合する区間がなかった事情が挙げられる。こうして名鉄の乗客を近鉄へ、近鉄の乗客を名鉄へ送るという、協力関係を成り立たせることができたのである。

しかし、直通運転は一九五二（昭和二七）年九月に中止された。わずか二年で中止されたのは、いったいなぜなのか。

その理由は、中京圏の経済発展により両線の乗客数が飛躍的に伸びて、列車の本数が増加したことにある。これに伴って両社間のダイヤ調整が難しくなった。また、乗客増に対応すべく名鉄名古屋駅の改修工事が行なわれ、渡り線が廃止された。

さらに、一九五九（昭和三四）年の伊勢湾台風によって、名古屋線の全線が壊滅的な打撃を受けたとき、近鉄は名古屋線の軌間を、大阪線と同じ標準軌（一四三五ミリメートル）に揃えて、難波《なんば》〜名古屋間を直通運転させることにした。これにより名古屋線と名鉄との直通運転は、物理的に不可能となってしまったのである。それでも、両駅が隣接していることに変わりはない。

同じ近鉄なのに外を歩いて乗り換える駅があるのはなぜ!?

田原本線

I43 I36

新王寺
しんおうじ
← Shin-Oji

西田原本
にしたわらもと
← Nishi-Tawaramoto

田《た》原本《わらもと》線は、奈良盆地の田園地帯を走る一〇・一キロメートルのローカル線である。日本一の鉄道網を誇る近鉄にあって、この田原本線はかなり異色の存在といえる。近鉄のほかの路線とは接続しておらず、孤立しているのだ。たとえば起点となる西田原本駅。この駅では橿原《かしはら》線・田原本駅と連絡しているが、田原本駅へ乗り換えるには、一度改札を出て、一〇〇メートルほど歩く必要がある。一方、終点となる新王寺駅に目を転じると、やはり生駒《いこま》線・王寺駅へ乗り換えるには、一旦改札を出なければならない。

同じ近鉄であるのに、相当不便な状況といえるだろう。なぜ駅が離れており、連絡していないのか。その理由は、近鉄各線が成立した過程にある。

田原本線・橿原線・生駒線の歩み

田原本線が開業したのは、一九一八（大正七）年四月二六日のことだった。沿線住民の出資によって設立された大和鉄道の手による。軌間は、一〇六七ミリメートルだった。

橿原線は大阪電気軌道によって路線が敷かれ、一九二三（大正一二）年に全通した。軌間は一四三五ミリメートルである。一方、生駒線は一九二二（大正一一）年に開業。事業主体は信貴《しぎ》生駒電気鉄道（のち信貴生駒電鉄）で、軌間は一四三五ミリメートルだ。

つまり、現在の田原本線の不便な乗り換えは、もともと各線が別会社だったことの名残だといえる。

しかし、大和鉄道はその後、一九二五（大正一四）年に大阪電気軌道の傘下に入り、戦後の一九四八（昭和二三）年、田原本（現・西田原本）～新王寺間の軌間を一四三五ミリメートルへと改めて電化。近鉄から車両を借りて営業をしている。このとき、近鉄から車両を借りるため、橿原線との間には連絡線が敷かれた。そして一九六一（昭和三六）年、信貴生駒電鉄と合併。一九六四（昭和三九）年、信貴生駒電鉄は近鉄と合併し、現在の田原本線、生駒線となった。

軌間は同じであり、事業主体も同じ。駅を統合しない理由はどこにもない。だが、近鉄はそうしなかった。近鉄でも当時の記録がなく、理由はわからないという。

ただし、少しでも利便性を上げるため、二〇〇九（平成二一）年、それまで東口にしか改札がなかった田原本駅に西口駅舎が設けられた。また、西田原本駅と田原本駅西口駅舎の間に屋根つきの通路を設置。これにより、乗り換えの便は格段に向上した。

田原本線・橿原線・生駒線位置図

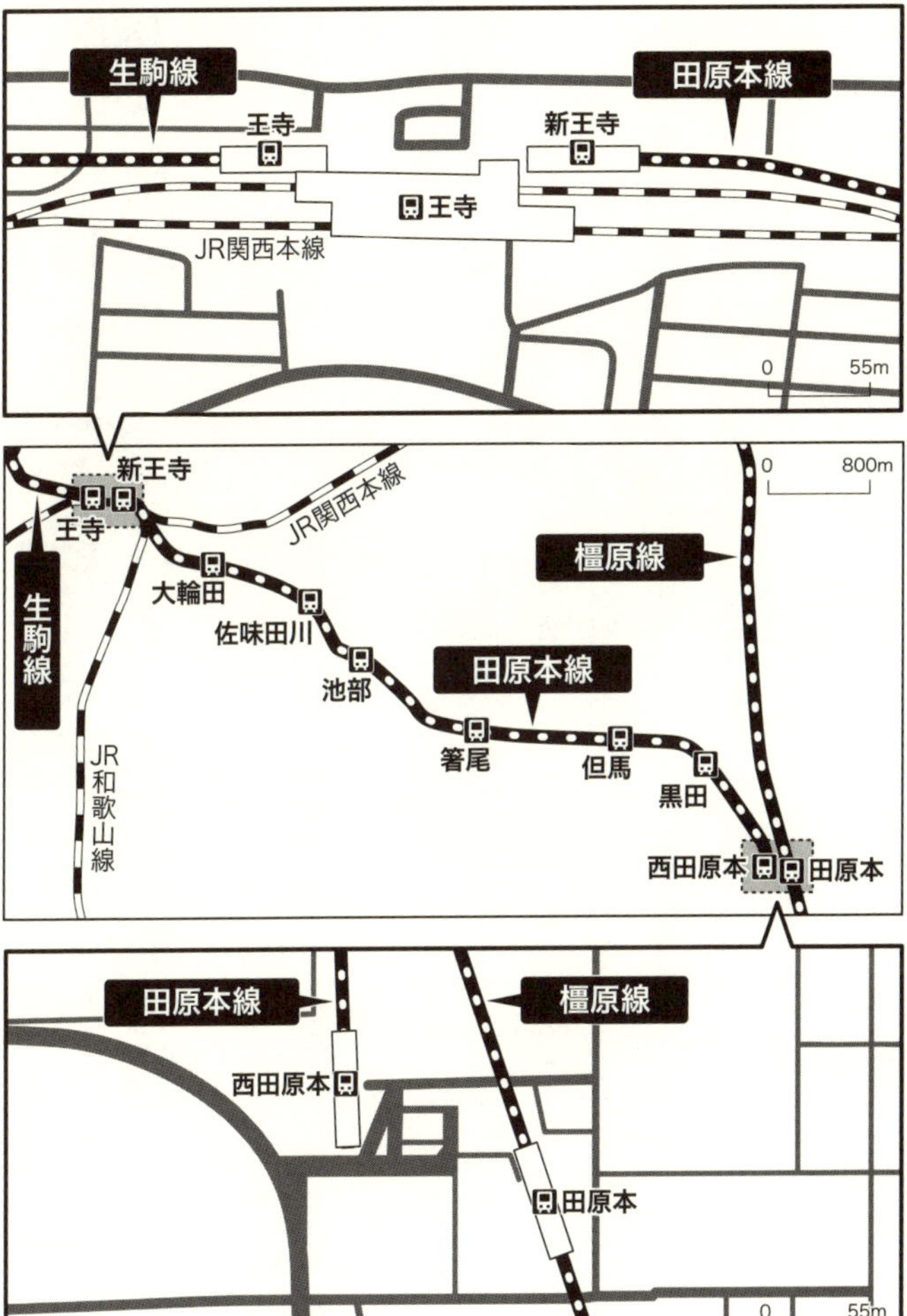

田原本線がほかの近鉄線と連絡していないのは、もともと田原本線、橿原線、生駒線をそれぞれ別会社が敷いたためだ。

駅隣なのに大和八木駅のホーム扱いとなっている八木西口駅の怪

橿原線　B40
八木西口
やぎにしぐち
← Yagi-Nishiguchi

橿原線と大阪線が交差する大和《やまと》八木《やぎ》駅の四〇〇メートルほど南に、八木西口駅はある。特急は停車しないが、南側にあるJR桜井線・畝傍《うねび》駅とともに橿原市役所へのアクセス駅となっている。

この八木西口駅には、非常に珍しい特徴がある。それが隣駅の大和八木駅との関係だ。八木西口駅は慣例により、大和八木駅の構内という扱いになっているのである。そのため、大和八木駅までの切符を購入し、八木西口駅で降りても追加料金は発生しない。

また、近鉄のホームページで運賃・料金検索をしようとすると、八木西口駅は「大和八木（八木西口）」と表示される。八木西口駅までの定期券を購入しようとしても、券面に表示されるのは「大和八木駅」だ。ただし、八木西口駅で購入した切符には、「八木西口」と表示される。

いったいなぜ、八木西口駅は大和八木駅の一部という扱いになっているのだろうか。

八木西口駅は一九二三（大正一二）年、近鉄の前身・大阪電気軌道の畝傍線（現・橿原線）開通に伴い、八木駅として開業した。

続いて一九二五（大正一四）年には、八木駅から参宮急行電鉄線（現・大阪線）への連絡線が開通し、二線の乗換駅となった。

一九二九（昭和四）年、参宮急行電鉄の路線が桜井まで延伸されることが決定すると、八木駅の北四〇〇メートルほどの場所で畝傍線と立体交差するという計画が進められる。それに合わせて、交差部に新駅舎を設置することになった。この新駅が八木駅と名づけられたため、もとの八木駅は八木西口駅へと改称された。そして新・八木駅は、一九四一（昭和一六）年に大和八木駅へ改称され、現在に至る。

一般には新駅が設置された場合、別々の駅という扱いになるが、なぜか八木西口駅は大和八木駅と同じ駅として扱われることになった。近鉄によると、その理由はいまとなってはよくわからないという。

こうして当時の慣習を引きずったまま現在に至るわけだが、取り扱い上、完全に同駅というわけではない。両駅間を列車で移動する場合は、一区間分の一五〇円の切符が必要となる。また入場券では移動することはできないのでご注意を。

かつて橿原神宮前には三つの駅が乱立していた!?

橿原線
南大阪線
吉野線

B 42
F 42

橿原神宮前
かしはらじんぐうまえ
← Kashiharajingū-mae

吉野線の起点駅、橿原線・南大阪線の終点駅である橿原神宮前駅は、その名の通り、橿原神宮の最寄り駅として開業した。

橿原神宮が創建されたのは、一八九〇（明治二三）年三月のことだった。『古事記』『日本書紀』中に、初代神武《じんむ》天皇が「橿原の宮」で即位したという記述があることから、橿原宮跡地と考えられている畝傍山東南が社地として選ばれた。神武天皇とその皇后・媛蹈鞴《ひめたたら》五十鈴姫命《いすずひめのみこと》が祭神として祀られている。

いまでこそ橿原神宮への最寄り駅は橿原神宮前駅ひとつであるが、戦前、橿原神宮の周囲には三つもの駅が林立していた。大阪電気軌道畝傍線（現・橿原線）の久米寺《くめでら》駅、大阪電気軌道吉野線（現・吉野線）の橿原神宮前駅、大阪鉄道線（現・南大阪線）の橿原神宮駅である。

これらが統合される契機となったのは、一九四〇（昭和一五）年に橿原で催された「紀元二六〇〇年式典」にある。

1940(昭和15)年につくられた現在の橿原神宮前駅。特徴ある屋根の建築様式は、大和棟という。橿原神宮の最寄り駅にふさわしい外観だ。

式典の一環で統一された三駅

戦前は、天皇の神性とその統治の正当性を主張する皇国史観が発達したこともあり、式典には全国から大勢の人が訪れることが予想された。それに伴い、橿原神宮の改築と拡張が行なわれることになったが、ちょうどその計画区域内に畝傍線・吉野線が存在していたため、同路線を東へ三〇〇メートルほど動かさざるを得なくなった。また、久米寺駅は大阪電気軌道と大阪鉄道との乗り換え駅であったことから、大阪鉄道もこの計画に関与する必要に迫られた。

いまでこそ同じ近鉄の路線であるが、当時は乗客を奪い合うライバル会社である。とはいえ、紀元二六〇〇年式典は国家事業であったことから、共同してこの事業に取り組むこととなった。

そこで両社は協議を重ね、大阪電気軌道の橿原神宮前駅と大阪鉄道の橿原神宮駅を廃止し、両鉄道の新たな接続点となる場所に久米寺駅を移設。同駅を「橿原神宮総合」駅と改称した。このときにつくられたのが、現在の駅舎である。

その後、同駅は「橿原神宮駅」駅と改称された。

当初、「橿原神宮駅」駅という一風変わった駅名とされたのは、駅の建設費用を大阪電気軌道と大阪鉄道が折半していたという事情によるといわれる。もともと存在していた両社の駅名を採用すると角が立つため、折衷案として「橿原神宮駅」という名前を考案したというわけだ。

また、当時は機械ではなく、駅員がすべての作業を手で行なっていたため、以前の駅名をそのまま使うと、切符の誤発券の恐れがあった。それを防ぐためにも、新駅は従来の駅と名称を変える必要があったのである。

ただし戦後、路線が近鉄のもとに統一されると、やはり駅名がややこしかったのだろう、一九七〇（昭和四五）年、現在の駅名「橿原神宮前」駅へと改められた。

行き先は「鮮魚」!? いったいどこへ向かう列車なの？

大阪線
山田線

平日の早朝午前六時九分。山田線・宇治山田《うじやまだ》駅に真紅色の車両がやってくる。行き先表示の方向幕に記されている文字は、「鮮魚《せんぎょ》」だ。

近鉄には計二九四の駅があるが、そのいずれにも「鮮魚」という駅は存在しない。また時刻表を見ても、この電車の存在は掲載されていない。

それでは、いったいこの電車はどこへ向かって走るのか。

じつは、この方向幕が示しているのは行き先ではない。その名のごとく魚である。早朝、伊勢湾に揚がったばかりの鮮魚を大阪方面で行商する、伊勢志摩魚行商組合連合会の人々を運ぶための電車なのだ。団体専用の貸切列車であり、一般人は乗車することはできない。

午前六時九分に宇治山田駅を出発した鮮魚列車は、その後、伊勢市、松阪、伊勢中川、榊原温泉口《さかきばらおんせんぐち》、伊賀神戸《いがかんべ》、桔梗《ききょう》が丘《おか》、名張《なばり》、榛原《はいばら》、桜井《さくらい》、大和八木、大和高田《たかだ》、鶴橋《つるはし》と停車し、終点・大阪上本町《おおさかうえほんまち》駅へと至る。復路は大阪上本町駅から松阪駅まで運行される。日曜日・祝日を除く平日、一日一往復だけの運行だ。

地域貢献のための特別列車

鮮魚列車が誕生したのは、一九六三（昭和三八）年のことだった。

それまで行商人は、一般の乗客同様、通常の列車を利用して行商に出掛けていた。しかし、魚の生臭さや汚れに対して乗客から苦情が出てしまう。乗る車両を限定したり、荷物を一か所にまとめて置いたりといった配慮がなされたが、問題は解決しなかった。

そこで行商人たちは近鉄の電車を利用するにあたり、伊勢志摩魚行商組合連合会を結成。電車の輸送を円滑なものにすべく、近鉄に貸切の専用列車の運行を依頼した。それに応じて近鉄が走らせたのが、鮮魚列車だったのだ。

鮮魚列車に乗るには、まず組合の会員になる必要がある。すると組合から近鉄承認済みの会員証が発行される。鮮魚列車に乗るときは、この会員証と一般の通勤定期券、荷物を積み込むための定期手回り品切符を近鉄に提示。こうしてようやく、鮮魚列車に乗ることができる。

当初、鮮魚列車として用いられたのは荷物専用車両や古くなった特急用車両だったが、一九八九（平成元）年には長距離移動を考慮し、一四八〇系三両に冷房・トイレを備えた二代目鮮魚列車が導入された。現在の車両は、二〇〇一（平成一三）年から使われている

3代目鮮魚列車。平日の早朝、新鮮な魚を大阪へ運ぶ。

二六八〇系の三代目だ。特徴はロングシート。貸切であることから、堂々と横になって休息を取ることができる。車内は、まるで寝台車のような様相を呈している。

鮮魚列車が運行された当時は、毎日一〇〇人以上もの人が利用し、人が座れるスペースはまったくなかったと伝わる。しかし現在は利用客が減少し、一日平均一〇人ほど。近鉄としては走らせるたびに赤字が発生する電車となってしまったが、それでも鮮魚列車の運行を止めることはないと言い切る。「鮮魚列車は新鮮な魚を運ぶことに貢献し、地域活性にもなっている。収益だけを考えて走らせているわけではない」。こうして鮮魚列車は、今日も行商人の大切な「足」として、鮮魚を日々大阪へ届けている。

終点なのに線路は延伸!? 不可解な構造の謎

けいはんな線 C30
学研奈良登美ヶ丘
がっけんならとみがおか
← Gakken-Nara-Tomigaoka

東大阪市の長田《ながた》駅と奈良北部の学研奈良登美ヶ丘《がっけんならとみがおか》駅を結ぶけいはんな線は、近鉄でもっとも新しい路線だ。長田～生駒間は、一九八六（昭和六一）年に東大阪線として開業した。その後、京都・大阪・奈良の県境周辺に広がる京阪奈《けいはんな》丘陵に、産業や学術を集積させる関西文化学術研究都市（以下、学研都市）を建設する計画が立ち上がると、二〇〇六（平成一八）年三月二七日、学研都市へのアクセスとして、生駒から学研奈良登美ヶ丘までの延伸区間が開業。それに伴い、東大阪線からけいはんな線へと改称された。

けいはんな線は、大阪市営地下鉄中央線と相互直通運転を行なっており、学研奈良登美ヶ丘駅から大阪のコスモスクエア駅までを直接結んでいる。これにより、学研都市やものづくりの拠点である東大阪地域、大阪を代表するビジネス街である本町、そして新都心として開発の進展が著しい大阪ベイエリアを、相互につなげる役割を担っている。

また、地下鉄と直通するけいはんな線の特徴として、「第三軌条《きじょう》方式」という集電方式を採用していることが挙げられる。第三軌条とは、線路となる二本のレールの片側にもう

路線が途切れている学研奈良登美ヶ丘駅。京都線・高の原駅まで延伸させる計画があるが、実行に移される目処はいまのところ立っていない。（写真：近鉄5200系）

一本レールを敷き、そこから電力を供給するシステムのことだ。大阪市営地下鉄中央線が第三軌条方式で運行されているため、相互直通運転を行なっているけいはんな線もまた、同方式を採用しているのだ。

さらにけいはんな線は、第三軌条を用いた路線のなかで国内最速を誇る。開業に際して所要時間短縮を追及し、車両の改造や信号方式の変更などが行なわれた結果、同方式の従来の最高運転速度（時速七〇キロメートル）を上回る時速九五キロメートルの運転を実現した。

駅の構造が物語る延伸計画

けいはんな線の東の終点駅は、高架駅である学研奈良登美ヶ丘駅だ。京阪奈丘陵を切り拓いてつくられた奈良県北部の中心駅で、周辺は緑に囲まれた新興住宅地となっている。

この学研奈良登美ヶ丘駅のホームの東端に立つと、不思議なことに気がつく。終点駅にもかかわらず、線路がホームを通り抜け、さらに東側まで伸びているのだ。

じつは、もともと学研奈良登美ヶ丘駅から東へ延伸する計画があった。駅の東にある丘陵をトンネルで貫いて延伸させ、京都線・高《たか》の原《はら》駅へ到達させるというものである。また、学研奈良登美ヶ丘駅からJR片町線や京都線と結ぶという支線計画もあった。

ところが、延伸計画はいまだ実行に移されていない。その背景には、学研都市の開発が思うように進んでいないという現状がある。もともとバブル期に発案された学研都市開発計画で、京都府・大阪府・奈良県にまたがる丘陵を開発し、北部には同志社大学や同志社女子大学が移転、教育研究の拠点として進められたが、バブル崩壊とともに企業の進出が伸び悩み、産業や研究所のための用地は虫食い状態となっている。そのため、たとえ延伸したとしても集客があまり期待できないことから、延伸計画は凍結されたままなのだ。学研奈良登美ヶ丘駅から京都線・高の原駅方面へは路線バスが通っている。現在は、このバス輸送だけで、沿線の需要を充分にまかなえているため、延伸計画を求める声も上がっていないのが現状である。

皇室愛用！近鉄が担うロイヤリティな役割

近鉄全線

天皇・皇后両陛下や皇太后が乗車するために運行される専用列車のことを「御召し列車」という。また、その他の皇族の方々が乗車する列車を「御乗用列車」と呼ぶ。近鉄沿線には伊勢神宮や橿原神宮、神武天皇陵など、皇室と関係する場所が点在していることから、古くから皇族の人々によく利用された。

たとえば近鉄の前身・大阪電気軌道時代の一九三一（昭和六）年一一月、河内・大和平野で陸軍大演習が行なわれたとき、昭和天皇は特別列車に乗り、現地へ向かった。また、近鉄の前身のひとつである参宮急行電鉄では、伊勢神宮への皇族の参詣を見越し、一九四〇（昭和一五）年、玉座椅子を車両の中央に置く定員二一名の豪華な車両・サ二六〇〇貴賓車を新造している。

それ以降も、伊勢神宮参拝や奈良県下視察などでたびたび近鉄が利用された。

記憶に新しいところでは、二〇一四（平成二六）年三月二五日、伊勢神宮で行なわれる「剣璽動座《けんじどうざ》」（三種の神器の剣と勾玉を持参する儀式）への参加、伊勢神宮付近にある博物館や資料館などの視察のため、天皇・皇后両陛下は近鉄の新型観光特急「しまかぜ」に乗車した。現在の近鉄には皇族専用の車両がないため、しまかぜを貸切にして運行したのである。

一方、奈良・京都といった古都や、風光明媚な伊勢・志摩などの国際的な観光地を沿線に抱える近鉄は、外国の国賓・公賓にもよく利用されている。たとえば、一九七五（昭和五〇）年五月にイギリスのエリザベス女王夫妻が来日し、京都や伊勢・志摩を観光した際は臨時特急を用意し、京都から伊勢までをノンストップで運んだ。

貴賓室を備えた宇治山田駅

このように皇室や国賓によって頻繁に利用されるだけに、駅にも相応の工夫が施されている。その最たるものが、伊勢神宮の最寄り駅・宇治山田駅だ。

近鉄の前身・参宮急行電鉄の手によって、宇治山田駅が開業したのは一九三一（昭和六）年のことである。駅舎の設計者は、元・鉄道省建築課長で大阪府出身の建築家・久野《くの》節《みさお》。久野は、当時アメリカで流行していたスペイン様式を取り入れ、テラコッタ（素焼き）の外壁に赤いスペイン瓦、クリーム色のタイルを使用し、神都の気品漂う格調ある駅舎をつくり上げた。二〇〇一（平成一三）年、駅舎は国の有形文化財に指定された。

伊勢神宮内宮の玄関口・宇治山田駅。2階に貴賓室が備えられているが、内部は非公開だ。

この駅が特別な理由は、外観だけでなくその構造にある。

駅舎は塔屋がついた三階建てとなっている。三階部分にホーム、二階に改札、一階に中央コンコースや売店などがあるが、じつは駅舎の二階には、皇族や要人などが利用する貴賓室が備えられているのだ。

伊勢参拝が多いことから、貴賓室は天皇・皇后両陛下が頻繁に利用されるのだろう。しかし、詳しい場所や内部の様子までは明かされていない。貴賓室は警備上、常に非公開となっており、マスコミの取材などでも入室が禁じられている秘密の部屋なのだ。

いったいどんな豪華な部屋なのか。機会があれば一度は訪れてみたいものだ。

近鉄四日市駅に七番線と八番線がないのはいったいなぜ？

名古屋線 E21
湯の山線 K21

近鉄四日市
きんてつよっかいち
← Kintetsu-Yokkaichi

近鉄四日市《よっかいち》駅は、三重県最大のターミナル駅である。駅前には近鉄百貨店四日市店やララスクエア四日市といった大型商業施設のほか、アーケード型商店街が軒を連ねるなど、県庁所在地である津《つ》よりも大規模な商業地区が形成されている。

一九二九（昭和四）年に開業した当初は、東に一キロメートルほど離れた場所にあった国鉄四日市駅（現・JR四日市駅）と隣接していた。だが、電車がホームに乗り入れるには半径一〇〇メートルという急カーブを描く必要があったことから、それを解消すべく、一九五六（昭和三一）年に現在地へ移転、四日市市付近の線路が直線に近いルートとなるように敷設し直された。このとき駅名は「近畿日本四日市駅」とされたが、一九七〇（昭和四五）年、現駅名となった。

欠番線の謎

県下最大のターミナル駅らしく、近鉄四日市駅にはホームがじつに一〇番線まである。

一番線から六番線までは高架ホームとなっている。一番線から四番線は名古屋線、五番線と六番線はおもに湯の山《ゆやま》線の発着ホームだ。一方、地上ホームにある九番線と一〇番線はもともと近鉄の内部《うつべ》線と八王子《はちおうじ》線が発着していたが、二〇一五（平成二七）四月一日から四日市あすなろう鉄道の内部線、八王子線として運行が引き継がれている。いまでは別会社の路線であるが、四日市あすなろう鉄道が近鉄と四日市市の出資によって成立した会社であることから、ホーム番号は変わらずにそのまま用いられている。

ここでひとつ不思議なことに気がつく。ホーム番号は一〇まであるにもかかわらず、七番線と八番線がどこにも見当たらないのだ。

ホーム自体存在しないことから、何らかの事情で「七」と「八」の数字を使えなかったのだろうと思いがちであるが、七番線と八番線は間違いなく存在している。じつは、駅の一階部分で「引き上げ線」として利用されているのだ。

引き上げ線とは、車両の入れ替えなどの際に列車を停める留置線のことである。七番線が名古屋線の引き上げ線、八番線が湯の山線の引き上げ線となっている。そのため、旅客ホーム上は七番線と八番線が欠番となっているというわけである。

奈良線が平城宮跡付近で緩やかにカーブする理由

奈良線
京都線
橿原線
A 26
B 26

大和西大寺
やまとさいだいじ
← Yamato-Saidaiji

京都線の起点・京都駅を出発した電車は、まず左に大きくカーブしてから南下、奈良県の大和西大寺駅へと向かう。

その途中、新田辺《しんたなべ》駅から三山木《みやまき》駅にかけては、斜めに線路が敷かれている。近鉄と並んで走るJR片町線（学研都市線）も同様である。これは、古代の山陽道に沿って線路が敷かれたためだ。

山陽道は、律令時代の五畿七道（五畿は大和《やまと》国、山城《やましろ》国、河内《かわち》国、和泉《いずみ》国、摂津《せっつ》国、七道は東海道《とうかいどう》、東山道《とうさんどう》、北陸道《ほくりくどう》、山陰道《さんいんどう》、山陽道《さんようどう》、南海道《なんかいどう》、西海道《さいかいどう》）のひとつ。京都から瀬戸内海沿いに位置する播磨《はりま》国、美作《みまさか》国、備前《びぜん》国、備中《びっちゅう》国、備後《びんご》国、安芸《あき》国、周防《すおう》国、長門《ながと》国の八か国を経て大宰府《だざいふ》へと至る道で、七道のなかで最重要の大路《たいろ》であった。古代日本の幹線道路の名残を、京都線に見出すことができるのである。

さらに南へ向かうと、高の原駅を過ぎたあたりから京都線の電車は大きく左にカーブを描くように走り、大和西大寺駅へと到着する。

平城宮跡と近鉄の路線

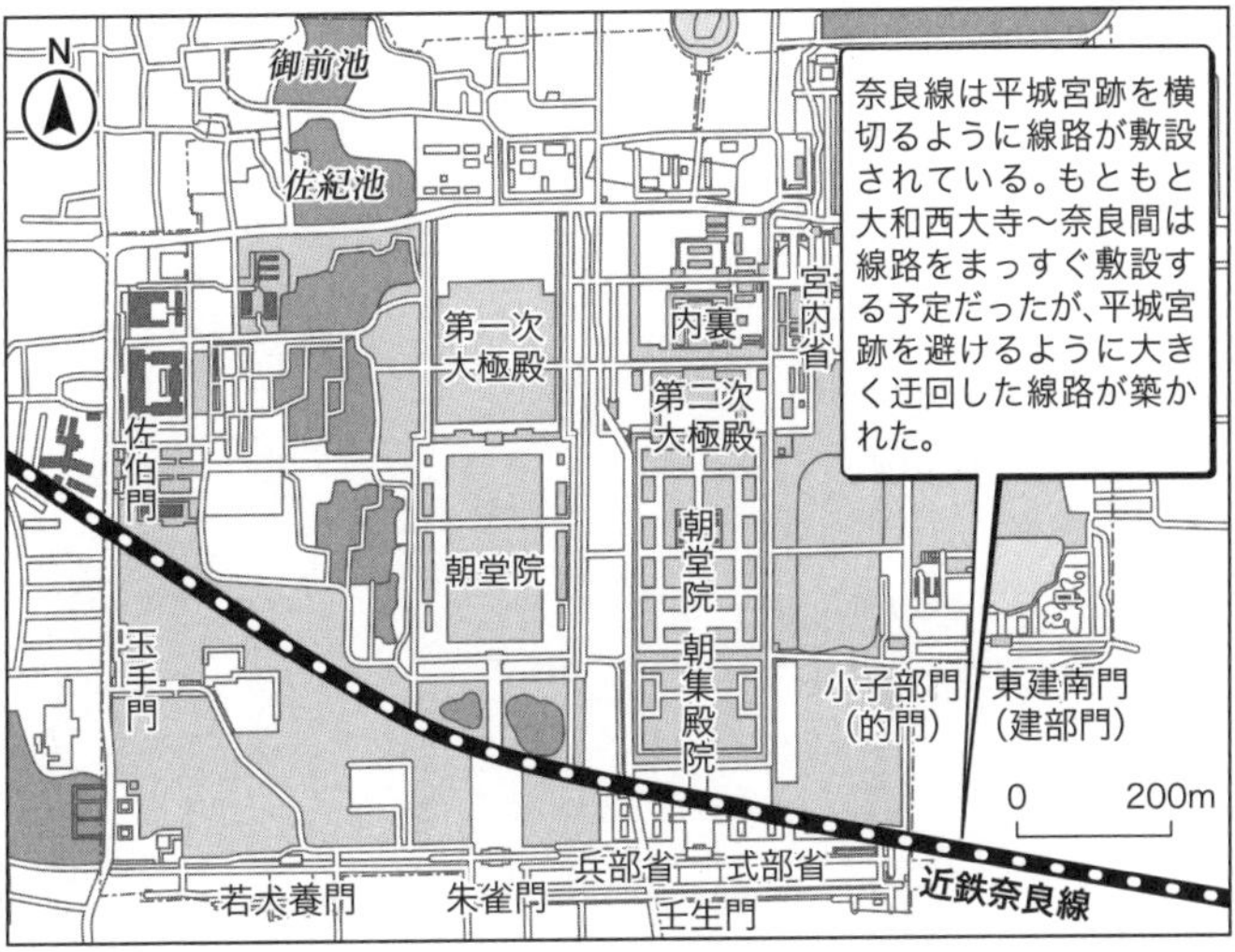

平城宮跡を走る近鉄の列車。いまや奈良の風物詩といえる。

なぜ線路が大きなカーブを描くのか

大和西大寺駅から奈良線に乗り換え、奈良方面へ向かうと、電車は緩やかなカーブを描きながら平城宮跡の敷地内を通過する。車窓から見える平城宮跡は、古都・奈良らしい風景である。

平城宮は、七一〇（和銅三）年から七八四（延暦三）年まで日本の都だった平城京の大内裏《だいり》だ。南北約一キロメートル、東西約一・三キロメートルという敷地内には政治の場である大極殿《だいごくでん》や朝堂院《ちょうどういん》、天皇の居住空間の内裏など多くの施設があり、一万人近くの人々が働いていたと見られている。

そのような歴史ある地に、なぜ近鉄の線路が敷かれているのか、疑問に感じる人は少なくない。

奈良線は、近鉄の前身・大阪電気軌道が一九一四（大正三）年四月に開通した。じつはこのときはまだ、平城宮跡は史跡とされていなかったため、路線を敷くことに何の問題もなかった。

当初、大阪電気軌道は西大寺（現・大和西大寺）から奈良までをまっすぐ結ぼうと計画していた。しかしその計画路線は平城京の大極殿跡を貫くものであった。そこで大阪電気軌道は貴重な史跡を保護するという観点から、朝堂院跡の南で大きくカーブを描く路線へと変更したのである。大極殿跡と朝堂院跡が史跡に指定されたのは一九二二（大正一一）年のことだった。

平城宮跡の本格的な調査が行なわれるようになったのは、一九五九（昭和三四）年以降のことである。こうして平城宮跡の実態が徐々に明らかになると、次第に貴重な史跡を保護しようとする動きが高まりを見せるようになる。一九六二（昭和三七）年に近鉄が朱雀《すざく》門の西側に検車区の建設を計画すると、各地で反対運動が起こったため、近鉄は計画を変更。奈良市尼辻北町《あまがつじきたまち》の現在地に建設している。

近年は、平城宮跡の国営公園化計画が打ち出されるにあたり、奈良線の軌道変更が議題に上がるようになった。迂回化、地下化、高架化など様々な意見が飛び交っているが、いまだ進展は見ていない。一方で、近鉄の車窓から見る平城宮跡の景観を好ましく感じる人も多くいる。

今後、奈良線と平城宮跡の関係はどう推移していくのか。これからの展開をそっと見守りたい。

伊勢への修学旅行生を増やすために近鉄が投入した特急列車って？

近鉄全線

総延長五〇八・一キロメートルを誇る近鉄の路線には、通勤・通学用の一般車両だけでなく、各観光地を結ぶための多様な特急車両が導入されている。

現在の近鉄を代表する特急車両が、二〇一三（平成二五）年の伊勢神宮式年遷宮《しきねんせんぐう》に合わせて導入された、五〇〇〇〇系「しまかぜ」だ。広々とした三列席に加え、大人数用の洋風サロン席や和風個室を備えた観光車両で、大阪難波～賢島《かしこじま》、近鉄名古屋～賢島間を結ぶ。先頭車両は、大きな窓ガラスが配された展望席となっている。また二階建て構造となっているカフェ車両では、地元のスイーツや地ビールなど沿線の名産品を味わうことができる。テレビや雑誌などでよく取り上げられることもあって、観光シーズンにはなかなか座席の予約が取れないほどの人気ぶりだ。

その他、座り心地にこだわったゆりかご式シートが特徴の「ＡＣＥ」二二六〇〇系や、展望に優れた二階席と、階下にサロン風個室を設けた「ビスタＥＸ」など、多彩な特急車両が走る。

近鉄が伊勢への修学旅行生を増やすために導入したあおぞら号。しかしエアコンが完備されていなかったため、１９８９（平成元）年、廃車となった。

「ビスタＥＸ」は、一九五八（昭和三三）年に世界で初めての二階建て車両を二両連結した「ビスタカー」の三代目となる列車だ。

それらの近鉄の特急列車のなかで、かつてひときわ、異彩を放っていた列車があった。それが一九六二（昭和三七）年に登場した「あおぞら号」である。

クリーム色に赤帯の塗色の三両編成の列車は、すべてが二階建て車両だった。これは当時、世界初の斬新な試みとして、日本中から注目を集めた。

また、その導入目的も一風変わっていた。じつは、近鉄はあおぞら号によって伊勢神宮への修学旅行を復活させようともくろんでいたのだ。

伊勢への修学旅行を復活させたあおぞら号

日本で修学旅行がはじめて行なわれたのは、一八七五（明治八）年一月一日のことといわれている。栃木県矢板《やいた》市の小学生が近くの寺山観音寺に初詣に出かけるというものだった。宿泊を伴う本格的な旅行としては、一八八七（明治二〇）年、長野県の師範学校が初めて実施したという記録が残る。

やがて大正から昭和のはじめにかけて鉄道網が整備されると、寺社参拝の名目で、尋常小学校や高等小学校の修学旅行が盛んに行なわれる。当時は皇国史観に基づき、天皇家の祖神・天照大御神《あまてらすおおみかみ》を祀る伊勢神宮への修学旅行が推奨されていた。必然と、大阪と伊勢を結ぶ参宮急行電鉄（近鉄の前身会社のひとつ）がよく利用された。

しかし戦後になると、状況は一変する。一九五〇（昭和二五）年から修学旅行が復活するが、皇国史観が見直されたこともあり、修学旅行先として伊勢神宮を避ける傾向が強くなったのだ。

これに困ったのは近鉄である。修学旅行先が京都、奈良などに分散したことにより、伊勢への輸送需要が減少した。

この打開策として近鉄が導入したのが、あおぞら号だった。

じつはそれまでの修学旅行では団体専用列車は用意されておらず、一般車両を利用することがほとんどだった。そこで近鉄は小学生の修学旅行を誘致するため、一九六一（昭和三六）年、沿線五府県別の小学校校長会を開催、また近畿日本ツーリストを通して宣伝ポスターを配布するなどの営業に努めた。子どもたちにとっても、自分たちの専用列車という響きは魅力的だった。

こうして、再び小学校の修学旅行先として伊勢神宮が選ばれることになった。一九六二年度には、大阪市内の小学生のじつに九八パーセントがあおぞら号に乗って伊勢神宮へ向かったという。

しかしこのあおぞら号にはエアコンが整備されていなかったことから、一九八九（平成元）年に廃車。その後継車として、客室が全面改造された冷房つき「あおぞらⅡ（一八二〇〇系）」が導入された。

やがてあおぞらⅡも老朽化が著しくなると、二〇〇六（平成一八）年、あおぞらⅡに代わって「新あおぞらⅡ（一五二〇〇系）」が登場。車内にはリクライニングシートや洋式トイレが設けられるなどより快適な乗車環境となり、現在も多くの修学旅行生を伊勢・志摩方面へと運んでいる。

第二章

えっ？そうだったの!?あの名所の驚きの新事実発見！

四二〇年ぶりに姿を現わした「幻の伏見城」

京都線 B 07
近鉄丹波橋
きんてつたんばばし
← Kintetsu-Tambabashi

近鉄丹波橋駅を降り、東へ徒歩一五分ほどいくと、伏見桃山《ふしみももやま》城運動公園にたどり着く。公園のシンボルとなっているのが、伏見城の模擬天守だ。一九六四（昭和三九）年に開園した伏見桃山城キャッスルランドの目玉として建築されたもので、キャッスルランド廃園後も現在地で威容を誇っているが、伏見城の花畑跡につくられたものにすぎない

伏見城は、豊臣秀吉が建築したものである。もともと伏見は古来、景勝地として貴族に親しまれてきた場所であり、宇治《うじ》川による水運が大坂と京都を結ぶ要衝の地でもあった。秀吉はこの地に目をつけると、一五九二（文禄元）年、巨椋《おぐら》池のほとり、指月《しづき》の丘に城を築いた。

現在、明治天皇陵となっている伏見城本丸跡から南西に一キロメートルほど離れた場所であり、現在の伏見城跡と区別するために「指月伏見城」と呼ばれる。

当初、秀吉は伏見城を隠居所にしようと考えていた。だが一五九三（文禄二）年に秀頼《ひでより》が誕生したため、大坂城を秀頼に与え、伏見城を自らの居所にすることにした。また、当

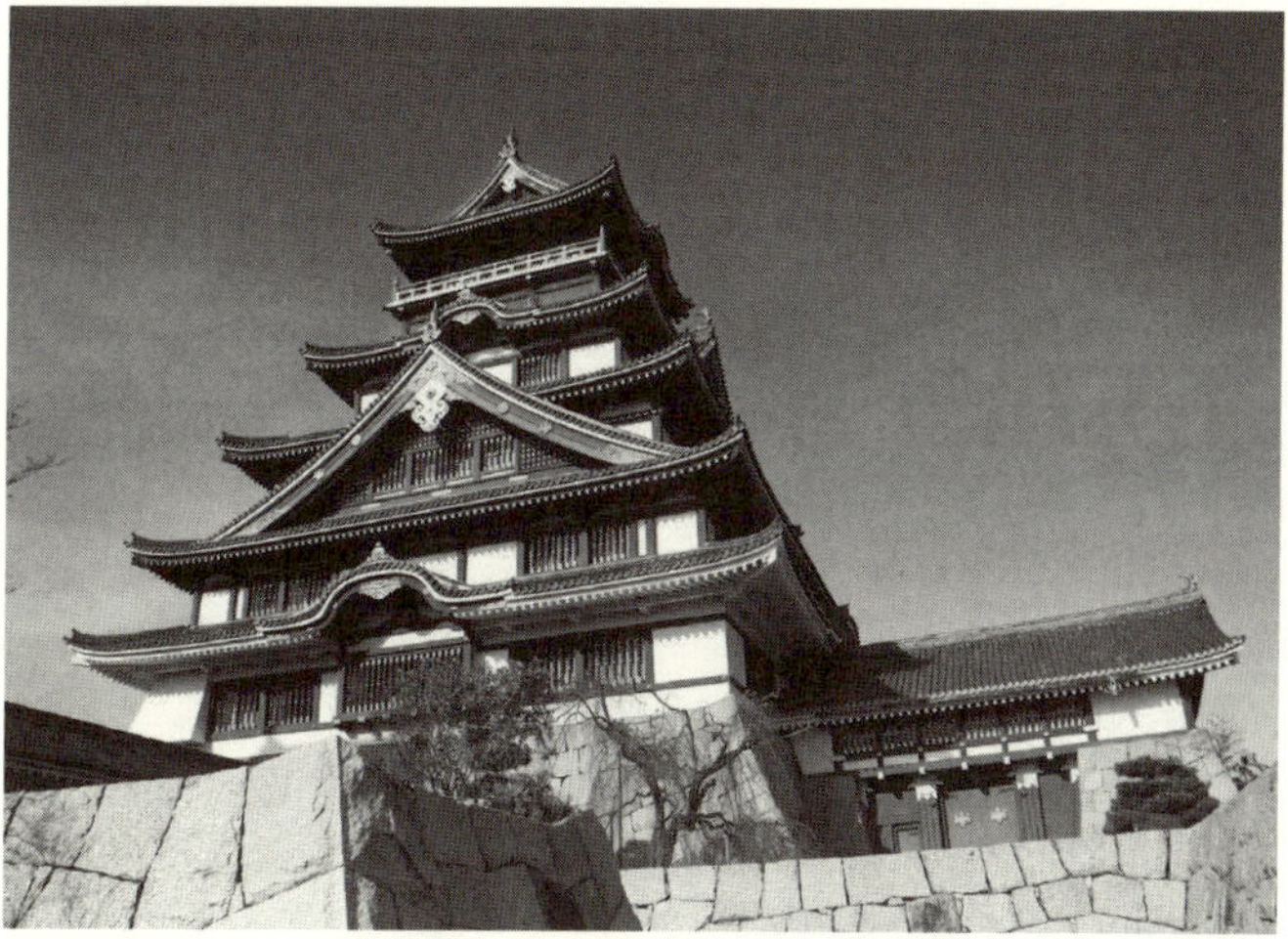

現在の「伏見桃山城」。豊臣秀吉・徳川家康時代の伏見城とはまったくの別物だ。

時戦端を開いていた明《ミン》との講和交渉に際し、その使節を迎える迎賓館としての役割を担わせ、日本の国威と自らの権威を見せつけようとした。

一五九四（文禄三）年から行なわれた伏見城の改修工事は、大規模なものとなった。工事に駆り出された人夫はじつに二五万人に及んだと伝わる。

また、秀吉が京都に建てた壮麗な邸宅・聚楽第《じゅらくてい》が破却され、その建物の多くが指月伏見城へ移築された。

こうして新・指月伏見城は落成を迎えたが、一五九六（慶長元）年の慶長大地震により、城はあっけなく崩壊した。

それでも秀吉は伏見の地にこだわり、地震の翌年、早くも新たな城の造営に着手した。指月伏見城よりも東北、なるべく堅固な地盤を選んで築かれた伏見城は五層の天守閣を備える大城郭だった。

一五九八（慶長三）年、秀吉はこの伏見城で六二年の生涯を終える。その後、秀吉の遺言により、徳川家康が伏見城に入るが、一六〇〇（慶長五）年に勃発した天下分け目の関ヶ原の戦いの際に焼失してしまう。

関ヶ原の戦い後、天下の覇権を握った家康は伏見城を再建。一六〇三（慶長八）年には、この城で征夷大将軍の宣下を受けている。さらに二代秀忠、三代家光の将軍宣下も伏見城で行なわれるなど、徳川家ゆかりの城として存続したが、一六二三（元和九）年、廃城となり、歴史から姿を消した。

発掘された指月伏見城の遺構

ここまで伏見城の歴史を振り返ってきたが、秀吉が初めに築いた指月伏見城の実在性については長らく疑問視されていた。これまで遺構が見つかっておらず、所在地ですら判明していなかったためだ。

だが、二〇一三（平成二五）年五月、発掘調査によって創建当初のものと思われる石垣や、巨大な土橋などが見つかった。さらに二〇一五（平成二七）年四月から行なわれた発掘調査の結果、石垣や堀、金箔瓦など多数の遺物が確認されたのだ。じつに四二〇年ぶりに、「幻の城」が姿を現わしたのである。

今回の調査で発見された石垣跡は高さ約二メートル、南北約三六メートル。堀は幅約五メートル、深さ約三メートル。また、多数出土した金箔瓦の存在と合わせて、相当絢爛豪華で大規模な城だったのではないかと推測された。

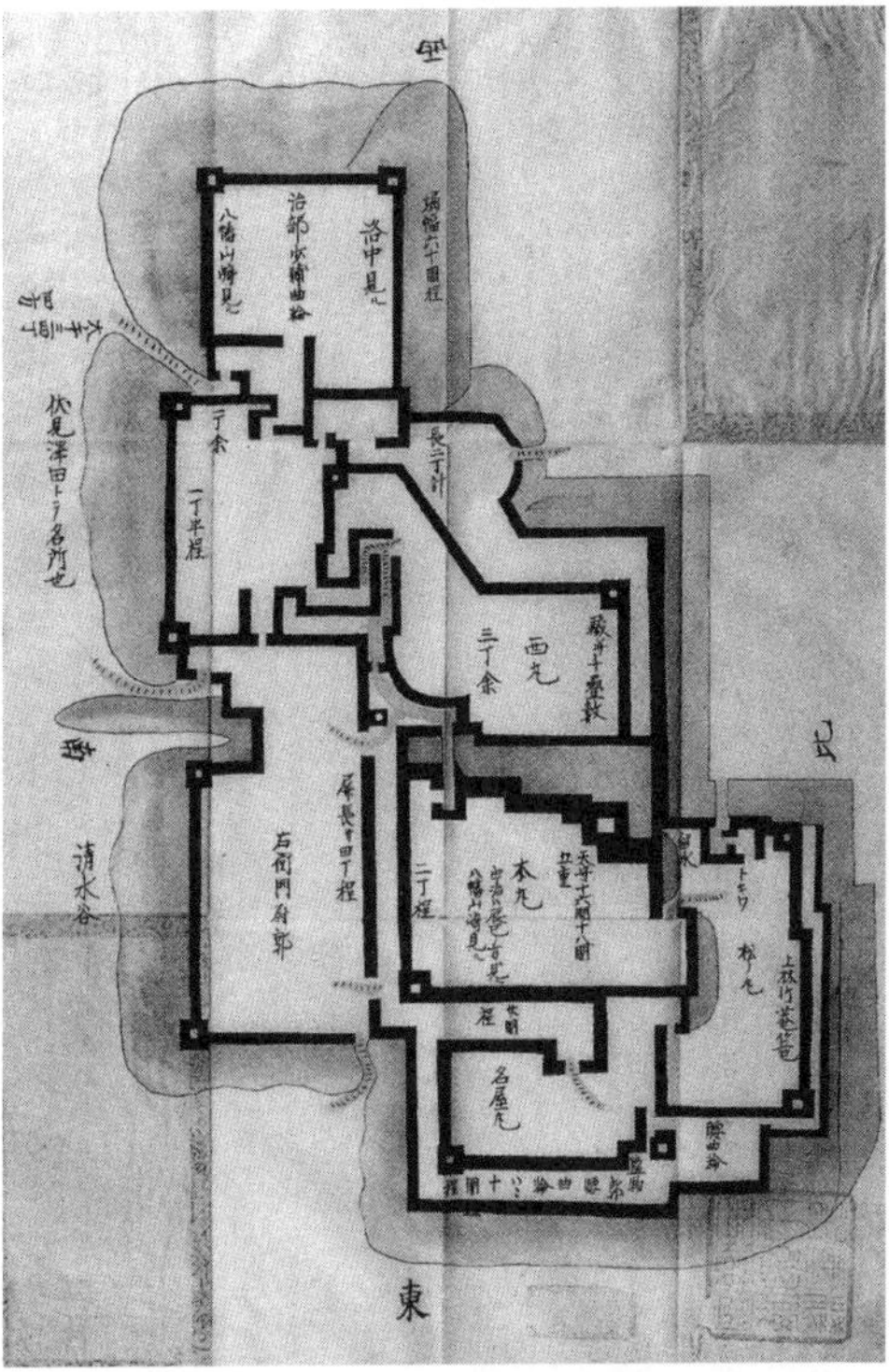

『山城国伏見城諸国古城之図』。往時の伏見城は、天守が設けられるなど相当の規模を誇っていたことがわかっている。

それでも、まだ指月伏見城の全容が判明したわけではない。今後の調査・研究次第で、知られざる姿がさらに浮かび上がる可能性は充分にあるだろう。

伊勢神宮の内宮と外宮、じつはライバル同士!?

山田線
鳥羽線
M74
宇治山田
うじやまだ
Ujiiyamada

伊勢神宮には、内宮と外宮、二つの正宮がある。

『日本書紀』によると、紀元前四年頃、垂仁《すいにん》天皇の皇女・倭姫命《やまとひめのみこと》が皇祖神・天照大御神《あまてらすおおみかみ》を祀るのにふさわしい鎮座地を求めて各地を巡幸したところ、伊勢国に到着したときに天照大御神の託宣があり、五十鈴《いすず》川の川上に祠を建てた。これが内宮の起源であると伝わる。所在地は、伊勢市宇治館《うじたち》町だ。

一方、外宮が建造されたのは、四七八年頃のこと。天照大御神の託宣を受けた雄略《ゆうりゃく》天皇が天照大御神の食事を司る豊受大御神《とようけのおおみかみ》を丹波国から伊勢国へ招いたことにはじまる。所在地は、伊勢市豊川《とよかわ》町。かつての地区名は山田だった。

現在は内宮と外宮をはじめ、一四の別宮、四三の摂社、二四の末社、四二の所管社、計一二五社をもって「神宮」と称するが、中世はそうではなかった。内宮と外宮はそれぞれに独立し、それぞれの神職が互いにライバル意識を抱いていたのである。宇治と山田の門前町の人々もまた、同様であった。

宇治と山田の間に巻き起こった流血騒動

伊勢神宮を参拝するときは、まず外宮を訪れ、その後、内宮へ向かうのが正式な作法となっている。これは、中世においても変わらない。

全国から陸路で伊勢神宮へ向かう人がまずたどり着くのは、外宮だった。内宮へ行くには、どうしても山田を通らなければならなかったのである。

当時の人々は、内宮と外宮は同じ伊勢神宮であり、どちらで参拝してもご利益は変わらないと考えていた。そのため、参詣客はこぞって外宮に幣帛《へいはく》（神に捧げる品物のこと）を奉納した。

そうなると、当然、内宮には幣帛は回ってこない。神社の経営は苦しくなる一方であったため、内宮は外宮に対して幣帛を均等にするよう申し入れた。

だが、外宮はこれを拒否した。参詣客が幣帛をどこに奉納しようが自由であるというのが、外宮の主張だった。それればかりか、外宮は幣帛を独占すべく、内宮への参詣路を遮断するという暴挙に出た。

ここに至り、内宮と外宮の対立は、そのまま宇治と山田の対立へと発展した。町にとっても参詣客の減少は死活問題だったためだ。

一四八五（文明一七）年には、ついに両者の間で武力衝突が起こった。これを「宇治山田合戦」と呼ぶ。

戦いは、時の伊勢国国司・北畠《きたばたけ》氏が山田の経済力を掌中に収めるべく、宇治方に加担したことで、宇治方優位に進んでいった。一二月、宇治方の手により、山田の町は焼失した。一四八九（延徳元）年には、近隣の郷民を糾合した山田方が宇治に攻め入り、内宮に火を放って一矢報いるも、一四九三（明応二）年、北畠氏の攻撃を受けた山田は再度焼け落ちることとなった。

多数の戦死者を出した宇治山田合戦以降も、両者の対立は長く続いた。それに終止符が打たれたのは一八八九（明治二二）年のこと。明治政府によって宇治と山田は合併することとなり、宇治山田町が成立した。これにより、利害関係は消失した。

宇治山田町は一九〇六（明治三九）年に宇治山田市へと昇格。一九五五（昭和三〇）年には伊勢市へと改称された。

現在、かつての対の歴史を偲ぶよすがはほぼ残されていないが、伊勢市楠部《くすべ》町の清丸稲荷神社そばに建てられている巨大な五輪塔は、宇治山田合戦で戦死した人々を祀る供養塔だといわれている。

山田線
鳥羽線
M 74
宇治山田
うじやまだ
← Ujiyamada

賽銭箱がないのはなぜ？ 伊勢神宮にまつわるトリビアの数々

日本全国に存在する約八万以上の神社のなかで、その頂点に位置するのが伊勢神宮だ。全国の神社によって組織される神社本庁の本宗（中心）であり、正式名称は「神宮」という。

伊勢神宮といえば、二〇年に一度行なわれる遷宮《せんぐう》（お宮を建て替え、そこに神様を遷《うつ》すこと）がよく知られるところだ。二〇一三（平成二五）年には第六二回式年遷宮が行なわれた。このとき、国内外からじつに一四二〇万四八一六人（うち内宮八八四万九七三八人、外宮五三五万五〇七八人）もの参拝者が伊勢神宮を訪れている。二〇一四（平成二六）年の一年間にも参拝者が一〇〇〇万人を超えるなど、伊勢神宮はいまや日本屈指の観光スポットでもある。

この伊勢神宮には、参拝にあたって独特のしきたりがある。

たとえば、一般の神社にあるはずの賽銭箱が正宮には置かれていない。伊勢神宮は皇族が国の安泰を祈願する場所といった性格が強いことから、正宮では個人的なお願いをすることが禁止されているのだ。これを私幣禁断《しへい》という。正宮に参拝するときは、守っていただいていることへの感謝の念を表わそう。

もし個人的なお願いをしたい場合は、第一の別宮（外宮は多賀宮、内宮は荒祭宮）で行なうのが慣わしとなっている。

また、私幣禁断の観点から、おみくじも置かれていない。おみくじは、本来は古代日本において、国家の行く末や政治などの重要な決定のときに神の意志を聞くためのものだった。日本全体を守る伊勢神宮の神に対して、個人的な占いは許されないのだ。

伊勢神宮に参拝したはじめての天皇は？

伊勢神宮には皇祖神・天照大御神が祀られているため、皇族が参拝する神社といったイメージが強い。現に天皇陛下はたびたび伊勢へお参りされている。しかし意外なことに、伊勢神宮が創立されてから明治維新まで、歴代の天皇は一度も伊勢神宮を訪れたことがなかった。

これはかつて、天皇の代わりとして斎王《さいおう》が伊勢神宮へ仕えており、天皇自身が参拝する必要がなかったためだと考えられている。

斎王は、未婚の皇族女子から選ばれ、斎宮《いつきのみや》に住みながら、天皇に代わり伊勢神宮の祭

伊勢神宮内宮。賽銭箱やおみくじのほかに、しめなわや鈴、狛犬も置かれていない。

祀を執り行なった。斎王を派遣する伝統は戦国時代で途切れたが、それ以後も天皇は伊勢参拝を行なわなかった。

こうした昔ながらの慣習を打ち破ったのが、明治天皇である。一八六九（明治二）年、当時一六歳の明治天皇は伊勢神宮に参拝した。

このとき、明治天皇が参拝を決行したのは、天照大御神の子孫である天皇が神聖な存在であるということを広く国民に知らしめ、王政復古を権威づけるためだったといわれる。

なお、歴史上初めて天皇・皇后両陛下お揃いでご参拝されたのは、一九二八（昭和三）年の昭和天皇のときだったという。

神宮参拝だけではご利益半減!?
神宮と金剛證寺の深〜い関係

鳥羽線 M 76

朝熊
あさま
Asama

伊勢市街の東南にそびえる標高五五五メートルの朝熊《あさま》山は、伊勢・志摩地方の最高峰だ。朝熊山へ至る登山道は、北麓の朝熊町から山の北斜面を登る「朝熊岳道《たけみち》」、伊勢神宮内宮の裏側から山の南斜面へと通じる「宇治岳道」、鳥羽《とば》から西進して山の東斜面を登る「丸山道」などが整備されている。このうち、もっともよく利用されているのは、朝熊岳道である。朝熊岳道は朝熊山への最短ルートであり、また、朝熊駅から徒歩一〇分ほどで登山口にたどり着くことから、週末にもなれば多くの登山客で賑わいを見せる。

朝熊山の山頂近くには、金剛證寺《こんごうしょうじ》という名刹がある。伝承によると、六世紀の欽明《きんめい》天皇の時代、僧の暁台《ぎょうだい》が庵を結んだことにはじまるといわれる。その後、八二五（天長二）年、真言宗の開祖・空海《くうかい》が虚空蔵菩薩《こくうぞうぼさつ》を祀り、堂塔を建立した。

以降、金剛證寺は真言密教の道場として栄えるが、のちに荒廃。一三九二（明徳三）年、鎌倉建長寺《けんちょうじ》の禅僧・東岳《とうがく》和尚が中興したことにより、臨済宗の寺院となり、禅密兼学の行場となった（臨済宗建長寺派）。一七世紀初頭には臨済宗南禅寺派となり、いまに至る。

江戸時代、伊勢神宮参拝後に金剛證寺を参拝するのが常であったため、朝熊峠には茶屋が建ち並んだ。(『伊勢参宮名所図会』国立国会図書館蔵)

「お伊勢参らば朝熊をかけよ、朝熊かけねば片参り」

金剛證寺は、伊勢神宮と深く結びついてきたことでも知られる。江戸時代には「お伊勢参らば朝熊をかけよ、朝熊かけねば片参り」と謳われるようになり、伊勢神宮の参拝後、多くの人が同寺を訪れた。参拝客を案内したのは、伊勢神宮の下級神官・御《おん》師《し》たちだった。

　しかしなぜ、神道の伊勢神宮と仏教の金剛證寺が結びついたのだろうか。

　その理由は、伊勢神宮と金剛證寺の位置関係にある。伊勢神宮から見て、金剛證寺は鬼門の方角にあたっていた。そこで金剛證寺には、伊勢神宮の鬼門除けの神護寺としての役割が与えられたのだ。こうして金剛證寺は「伊勢神宮の奥之院」と呼ばれるようになり、伊勢信仰の聖地として欠かせない場所となった。

実際、金剛證寺と伊勢神宮の結びつきを示すものは数多く残る。金剛證寺の本堂（摩尼《まに》殿・重要文化財）には本尊の虚空蔵菩薩のほか、須弥壇の奥に天照大御神が祀られている。また、宝物館に収蔵されている双鳳鑑《そうほうかん》（重要文化財）という鏡は、一四二八（正長元）年、伊勢神宮内宮の神官・荒木田守房《あらきだもりふさ》が寄進したものだと伝わる。さらに朝熊山の頂上付近に残されている約四〇基の経塚《きょうづか》群から出土した経筒《きょうづつ》のなかに、内宮の神官・荒木田時盛《ときもり》や外宮の神官・度会宗常《わたらいむねつね》が埋経したものが残る。

ただし、伊勢神宮は公式には金剛證寺を「奥之院」とは認めていない。日本の神社の頂点に位置する伊勢神宮は徹底して神仏習合を避け続けてきたためだ。伊勢神宮の神主としても、仏教寺院への接触は避けるべきことであった。

だが、庶民にとっては寺院も神社も同じ信仰の対象だった。数多くの寺社に参詣すれば、それだけ多くのご利益が得られると考えたのである。そのような庶民の声があったからこそ、伊勢神宮の神主たちは金剛證寺との関係を保ってきたのだろう。

現在は伊勢神宮の参拝後、金剛證寺を訪れるという風習は残っていないが、当時に思いを馳せ、両寺社を訪れるのもまた一興である。

奈良が観光名所になったのは、東大寺の大仏のおかげ!?

奈良線　A 28
近鉄奈良
きんてつなら
← Kintetsu-Nara

近鉄奈良駅を下車して、大通り沿いを東へ行くと、二〇分ほどで東大寺にたどり着く。東大寺といえば、なんといっても大仏だろう。像高は約一五メートルという巨大な木造仏で、一九五八（昭和三三）年、国宝に指定された。大仏を見るために、日本のみならず世界中から観光客が殺到する。

この大仏は、正式には盧舎那仏像《るしゃなぶつぞう》という。八世紀、災害や戦乱などが頻発するなか、時の聖武天皇は国を仏法の力で救うべく、七四三（天平一五）年、大仏の造立を発願。七七一（宝亀二）年に完成した。

しかしその後、大仏は三度破壊されている。

一度目は、八五五（斉衡二）年のこと。このとき、大地震が発生し、大仏の頭部が落下してしまうが、八六一（貞観三）年に修復された。二度目は一一八〇（治承四）年のこと。東大寺や興福寺などの寺社勢力と対立していた平家の大将・平重衡が、奈良に攻め入った際に町を放火。東大寺も延焼し、大仏は溶け落ちてしまったが、醍醐寺の僧・重源上人を中心として復興がなされ、一一八五（文治元）年、開眼供養会が行なわれた。三度目は一五六七（永禄一〇）年のこと。大和国を支配下に置いた松永久秀は三好三人衆と対峙した際、三好三人衆が本陣を布いていた東大寺を放火。またもや大仏は原型を留めないほど溶け崩れてしまった。

この三度目の破壊のあと、大仏の再建は江戸時代を待たねばならなかった。

大仏再建で奈良が観光都市に

ようやく大仏の再建がなされたのは、一六九一（元禄四）年のことだった。そして翌年、三〇日にも渡る盛大な開眼供養会が行なわれることとなった。

このとき、多くの庶民が大仏見たさに奈良を訪れ、町は空前の賑わいを見せた。奈良の町民はもちろん、諸国からも参詣者が押し寄せた。『大仏殿再建記』によると、参詣者の数は二〇万以上に及び、東は若草山の頂上から西は手貝町まで人々で溢れ返っていたという。

いまでこそ奈良は一大観光地であるが、もともとはそうではなかった。平安遷都以降は「南都」と呼ばれる寺社の都であり、奈良を訪れるのは僧か、氏寺に参拝する貴族などに限られていた。しかし江戸時代になると、状況は一変。都市の発達や農業生産率の向上に

東大寺の大仏。蓮弁など、造立当時のものが一部残存している。

東大寺大仏殿。世界最大級の木造建築で、国宝に指定されている。創建時は現在よりもさらに大きかったと伝わる。

よって豊かな庶民層が増え、かつ街道や宿場が整備されたために旅行ブームが起こると、開眼供養会をきっかけとして、奈良にも庶民層を中心に多くの参詣者が押し寄せることになったのである。

また、これに歩調を合わせるかのように、元興寺、薬師寺、唐招提寺、秋篠寺など奈良の諸寺院が、相次いで秘仏や秘宝を開帳したことも、奈良参詣をさらに盛り上げる要因となった。

寺社だけでなく、商店も大盛況を極めた。開眼供養会前、奈良には計二五軒の饅頭屋があったというが、参詣者の人出を見て、周辺の村から二〇軒の饅頭屋が奈良へ進出。いずれの店も大いに儲けたと伝わる。また、一六九二（元禄五）年の開眼供養会以降、東大寺にほど近い場所に歌舞伎芝居や相撲が行なわれる芝居屋敷が建ち、宝永年間（一七〇四〜一一）に錦町地方屋敷に移転するまで常に人が絶えることがなかったという。さらに、現代の観光ガイドにあたる『奈良町絵図』が出版されるなど、奈良は「信仰の町」から一転、「観光の町」へと変貌を遂げたのであった。

現在、奈良が国際的な観光都市となっているのは、東大寺の大仏のおかげといっても過言ではない。

東寺は発展したのに、なぜ西寺はなくなった!?

京都線　B 02
東寺
とうじ
← Toji

京都線に乗り、京都駅近くで車窓を眺めると、東寺《とうじ》の五重塔を見ることができる。高さ五七メートルの五重塔は日本一高い木造塔であり、京都の「顔」ということができるだろう。

東寺は、七九四（延暦一三）年に平安京が造営された際、桓武《かんむ》天皇が国家鎮護を目的として建造した官寺だ。その後、八二三（弘仁一四）年、嵯峨《さが》天皇から真言宗の開祖・空海に下賜され、以降、真言宗の根本道場として隆盛を極めた。

くだんの五重塔が建造されたのは、八七七（貞観一九）年のことだった。だが、幾度となく火災の憂き目にあい、その都度再建されてきた。現在見ることができる五重塔は、一六四四（正保元）年、三代将軍徳川家光の寄進により建立されたものだ。

東寺という名前は、平安京の玄関口・羅城門《らじょうもん》から見て東側に位置することからつけられた。

じつは、東寺と対称的な位置には西寺《さいじ》という寺院が存在していた。古地図を見ても、羅城門を中心として東寺と西寺が左右に配されている様子をうかがうことができる。

しかし現在、西寺の面影を感じることはできない。名残といえば、西寺町西寺児童公園内にある「史跡西寺址」と刻まれた小さな石碑のみだ。

発掘調査によって見つかった金堂や回廊跡などから、西寺は東寺と匹敵するほどの大規模な寺院だったことがわかっているが、なぜ西寺はなくなってしまったのだろうか。

運命の分かれ道となった雨乞い合戦

西寺の創建は、東寺と同じく七九四年のことである。やはり国家鎮護を目的とした官寺で、八二三年、当時、空海よりも僧の位が高かった守敏僧都《しゅびんそうず》に下賜された。真言宗の道場として発展する東寺に対して、西寺は文徳《もんとく》天皇や醍醐《だいご》天皇の追善供養を営むなどの役割を担った。

そんな二寺の命運を分けたのは、八二四（弘仁一五）年の大干ばつの際に行なわれた雨乞いの儀式だった。

当時、大内裏に隣接する神泉苑《しんせんえん》の池には龍が棲《す》んでおり、池の水が干上がると都が滅ぶと信じられていた。この危急に際し、淳和《じゅんな》天皇は空海と守敏を神泉苑に呼び寄せると、雨乞いの儀式を行なうよう命じる。

古地図に描かれた東寺と西寺

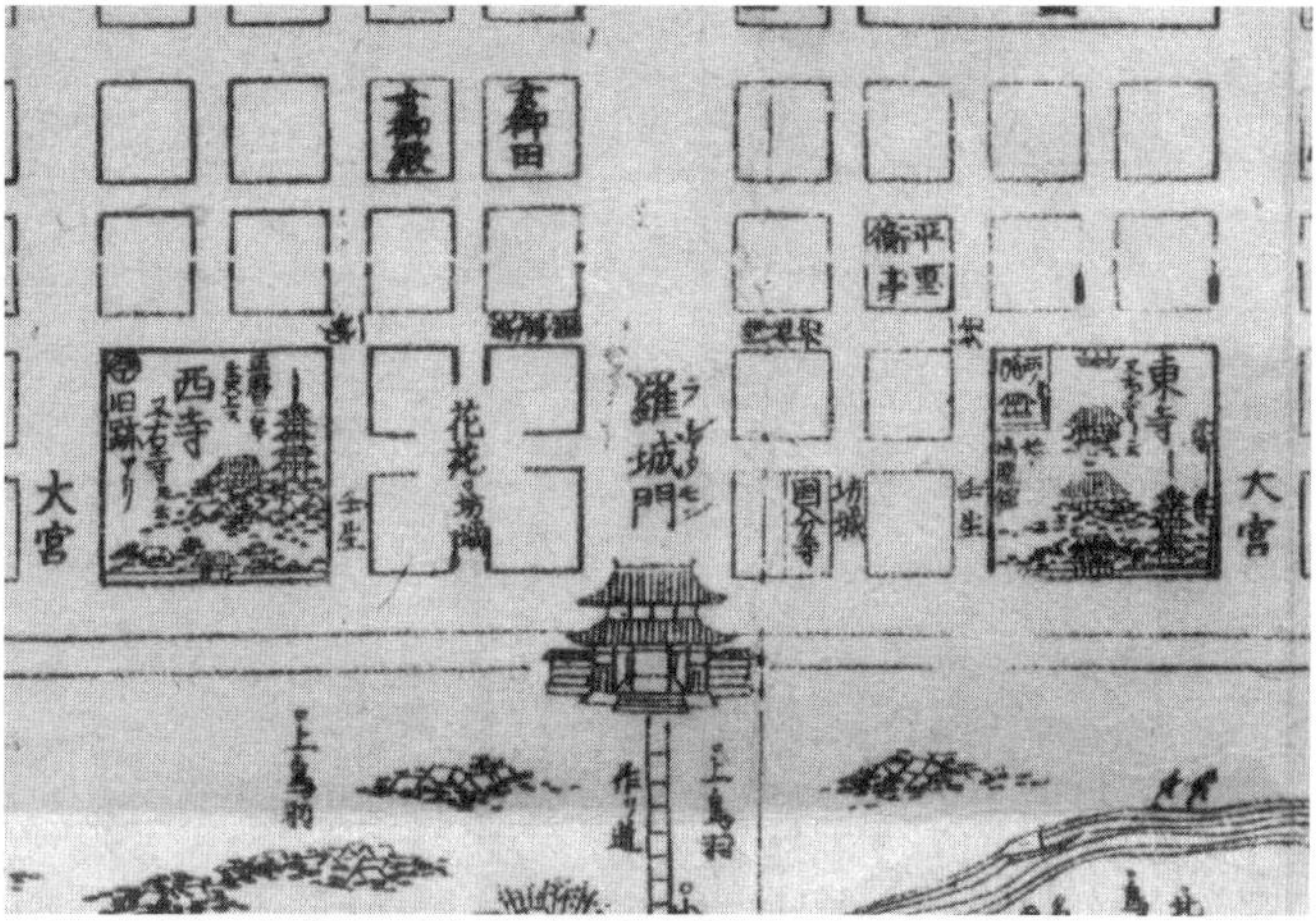

平安末期の京の都の様子を描いたとされる『花洛往古図』。羅城門を中心として、東寺と西寺が左右対称に配されていることがわかる。（国立国会図書館蔵）

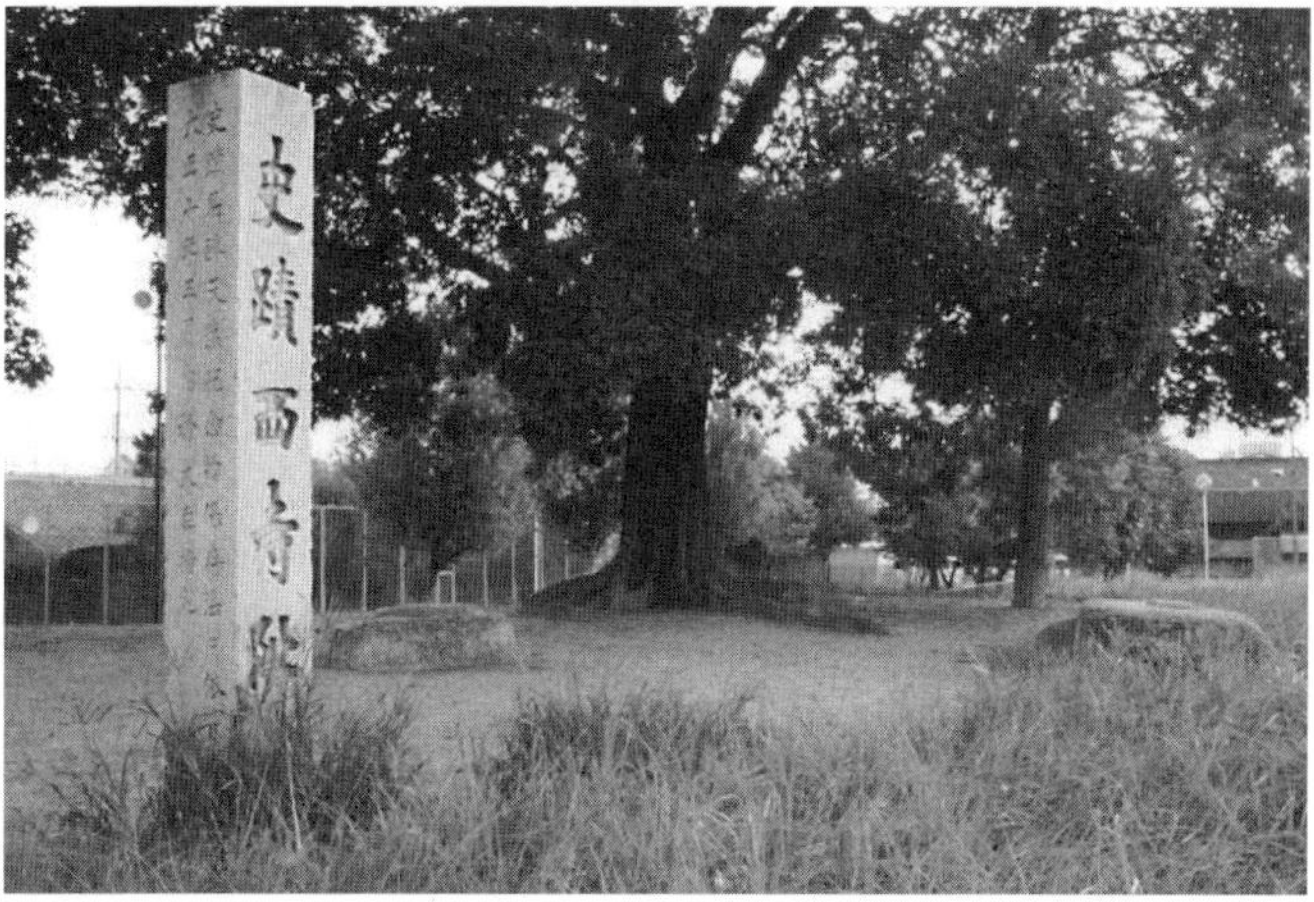

西寺児童公園内に建てられた「史跡西寺址」の碑。かつての西寺の面影はどこにもない。

先に儀式に臨んだのは、守敏だった。だが、守敏がいくら祈りを捧げても、雨は一滴も降ってこなかった。

次に、守敏に代わって空海が儀式を行なう。空海は天竺《てんじく》（インド）の池に棲む龍王に雨を降らせてくれるよう請うた。すると、にわかに空を暗雲が覆い、なんと雨が降ってきた。雨は三日三晩降り続き、京のみならず、全国の田畑を潤わせたと伝わる。

こうして勝負は、空海に軍配が上がった。

この結果に納得がいかない守敏は空海に向けて矢を放ち、彼を殺そうとした。ところがこのとき、突然地蔵菩薩が現われるや、矢から空海の命を守った。

もはや、守敏の名声は地に墜ちた。

雨を降らせることができなかったばかりか、空海を殺害しようとした守敏に帰依する者はいなくなり、西寺は衰退を余儀なくされる。九九〇（正暦元）年に火災で焼失した際は再建されたものの、一二三三（天福元）年の火災後は再建されることなく、そのまま荒廃。歴史から、その姿を消したのであった。

なお、羅城門近くに祀られる矢取地蔵は、守敏が放った矢から空海を救った地蔵菩薩であると伝わる。

一〇年に及ぶロシアへの漂流……大黒屋光太夫はこうして帰国した！

名古屋線 E31

白子
しろこ
← Shiroko

一七八二（天明二）年一二月一三日、一隻の船が伊勢国白子《しろこ》港を出帆した。船の名前は神昌丸《しんしょうまる》。船頭は大黒屋光太夫《だいこくやこうだゆう》、日本人として初めてロシアを見聞した人物である。神昌丸には、総勢で一七名が乗り込んでいた。

もともと光太夫一行の目的は、紀州藩の米と瓦、彦根藩・井伊家の畳表、木綿・薬種・紙などの商人荷物を江戸へ届けることにあった。

ところが遠州沖に差し掛かったとき、突然の暴風雨に襲われ、神昌丸は漂流してしまう。七か月に及ぶ漂流の末、一行がたどり着いたのはロシア領アムチトカ島だった。一七八三年（天明三）年七月のことである。漂流中、一名が病死した。

光太夫らのアムチトカ島における滞在は、じつに四年に及んだ。厳しい寒さのなかで病に倒れる者が続出し、七名の命が失われた。

その後、ロシア人の助けを得た一行は、一七八七（天明七）年、カムチャッカ半島へ移る。ここでも三名の仲間を失うが、なんとか日本への帰国を果たすべく、光太夫らはシベリア総督のいるイルクーツクへ向かった。

一七八九（寛政元）年二月、イルクーツクに到着した光太夫は、さっそく日本への帰国を嘆願する。だが、ロシア側は光太夫一行にロシアに留まるよう勧告した。当時、鎖国下にあった日本との通商をもくろんでいたロシアは、光太夫らをロシアに留め、日本語学校の教師にしようと考えていたのである。そのため、帰国嘆願書はシベリア総督によって握りつぶされた。

そうこうしているうちに、一七九一（寛政三）年一月、仲間の一人が病死する。残る仲間は光太夫含めて五名。なんとしてでも帰国を果たしたい光太夫は、イルクーツクで親しくなった植物学者キリル・ラクスマンの力を借り、ロシア皇帝エカチェリーナ二世に直接帰国の嘆願を願い出ることを決意。二月一九日、光太夫はロシアの首都ペテルブルクに赴くと、早速女帝付秘書官長を通じて帰国願いを提出した。

一〇年ぶりの帰国を果たした光太夫

六月二九日、光太夫はついに女帝への拝謁を許された。日本に関心を抱いていた女帝から数々の下問を受けた光太夫は幸いにして女帝に気に入られ、ついには念願の帰国を許可された。

大黒屋光太夫一行の漂流ルート

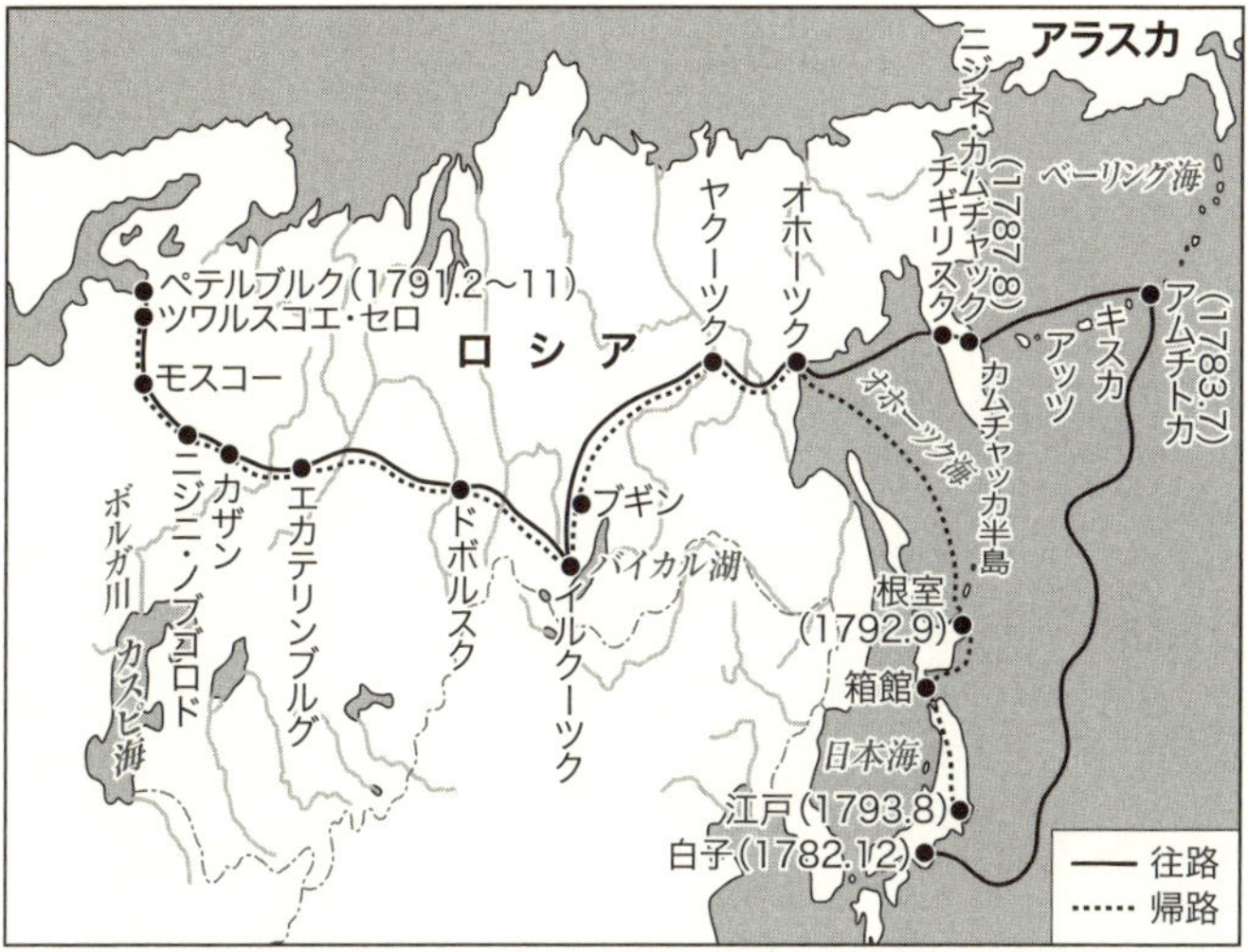

大黒屋光太夫がロシア皇帝エカチェリーナ2世に謁見したエカチェリーナ宮殿。幸いにして女帝に気に入られた光太夫は、日本への帰国を許された。

この背景には、日本と国交を開き、通商を進めたいというロシア側の思惑があった。実際、光太夫らの送還を契機として日本側との交渉を持ちたいと考えたロシアは、キリル・ラクスマンの子アダムを遣日使節の責任者としている。

一七九二（寛政四）年九月二五日、光太夫らは根室《ねむろ》に到着した。じつに一〇年ぶりの帰国だった。しかし、無事に帰国できたのは、神昌丸一七名の船員のうち、光太夫のほかに磯吉《いそきち》、小市《こいち》のみ。その小市も、根室で壊血病を発して亡くなってしまった。

その後、江戸へ送られた二人は、故郷へ戻ることを許されず、番町《ばんちょう》の薬草園に住まいを与えられた。鎖国下における日本において、むやみに外国の様子を話すことが禁じられていたためである。だが行動が束縛されたわけではなく、一八〇二（享和二）年四月には、勘定奉行の預かりとして帰郷を果たしている。二〇年ぶりに故郷の土を踏みしめたとき、光太夫の心がどれほどの喜びに満ちていたか、想像にかたくない。

一八二八（文政一一）年、光太夫は七八年の生涯を終えた。その遺骸は、江戸本郷興安《こうあん》寺《じ》の墓地に埋葬された。

なお、近鉄千代崎《ちよざき》駅の北東に鎮座する心海寺《しんかいじ》の墓地（南若松東墓地）にも、光太夫の供養碑がある。これは神昌丸漂流の二年後の一七八四（天明四）年、難破した船の乗組員を供養するために建てられたものだ。光太夫の遺骸は眠っていない。

一休さんのお墓を宮内庁が管理しているのはなぜ？

京都線 B 16
新田辺
しんたなべ
← Shin-Tanabe

　近鉄の車両基地・近鉄西大寺検車区新田辺車庫が併設する新田辺駅は、一九二八（昭和三）年一一月三日、奈良電気鉄道の駅として開業された。当時、奈良電気鉄道の路線と並行して走る国鉄片町線田辺駅（現・ＪＲ片町線京田辺駅）がすでに存在していたことから、「新」田辺という名称がつけられた。現在は松井山手《まついやまて》や八幡《やわた》市方面との連絡拠点となっており、一日の平均乗降客数は二万五〇九七人（二〇一二年、近鉄調べ）と、京都線の駅のなかでは六番目に多い。

　新田辺駅の西口ロータリーには、一休の銅像がある。一休といえば、とんちを使って様々な事件や問題を解決していくテレビアニメが知られるところであるが、そのモデルとなったのは、室町時代の臨済宗の僧・一休宗純《そうじゅん》。れっきとした実在の人物だ。一休宗純が晩年を過ごした酬恩庵《しゅうおんあん》一休寺が京田辺市にあることから、それにちなんで銅像が設置された。

　酬恩庵一休寺は、新田辺駅から西へ一・五キロメートルほど行ったところにある。総門をぐって参道を進み、角を右に曲がったところに一休の墓はある。ただし、墓は宮内庁の管轄下に置かれ、一般人は立ち入ることができない。

いったいなぜか。その背景には、一休の生い立ちが大いに関係している。

一休さんの出生の秘密

一三九四（応永元）年一月一日、洛西嵯峨《らくせいさが》のとある民家で一休は産まれた。母は南朝に仕えた公卿の娘・照子姫。父は、一説に後小松《ごこまつ》天皇だと伝わる。

その根拠となっているのが、文章博士・菅原和長《すがわらのかずなが》の日記『東坊城《ひがしぼうじょう》和長卿記』一四九四（明応三）年八月一日条の「一休和尚は後小松院の落胤《らくいん》（身分の高い男が正妻以外の女に産ませた私生児）の皇子なり」という一文である。宮内庁はこれをもって一休を後小松天皇の皇子だと認定したため、一休の墓を天皇陵と同じように管理しているのだ。現に、一休の墓の門扉には、天皇家の家紋である菊紋の透かし彫りが施されている。

とはいえ、本来は宮中で産まれるべき一休がなぜ民家で誕生したのか。一休の『年譜』によると、照子姫は後小松天皇の寵愛を一身に受けたが、それによって宮中の女性のねたみを買うこととなり、ついには讒言《ざんげん》によって宮中を追い出されてしまったという。

こうして誕生した一休は、六歳になると山城国安国寺に入れられ、僧としての道を歩むことになる。当時は室町幕府三代足利義満によって南北朝の統一がなされたばかりであり、いまだ不穏な情勢が続いていた。足利将軍家も、南朝方の人々に警戒の目を向けることを怠らなかった。当然、その監視対象には後小松天皇の皇子である一休も含まれていただろう。一説に、実際義満は一休の暗殺を企てたことがあったと伝わる。そのような状況だったからこそ、母は子の安全を願って出家させたのであった。

その後、長じた一休は大徳寺の高僧・華叟宗曇《かそうそうどん》の弟子となり、一四七四（文明六）年、勅命によって大徳寺の第四七代住持となるなど栄達を遂げていく。

そんな一休であるが、じつはその生涯において、三度、後小松天皇に会ったといわれている。一度目は一四二七（応永三四）年。このとき一休は、後小松天皇（当時は法皇）から病弱で子がなかった称光天皇の跡継ぎを誰にしたらよいか下問を受けている。二度目は同じく一四二七年。空谷明応《くうこくみょうおう》と性海霊見《しょうかいれいけん》という二人の禅僧の評価を聞かれている。三度目は一四三三（永享五）年。後小松天皇の崩御数日前、召し出された一休は後小松天皇から宝墨《ほうぼく》と法帖《ほうじょう》を与えられたという。常日頃から、一休は質素な生活をたしなんでおり、物を蓄えるということがなかった。しかし、後小松天皇から授かった宝墨と法帖は小さな葛篭《つづら》に入れ、生涯、肌身離さず持っていたと伝わる。生まれる前から離れることを余儀なくされた二人であるが、それでもそこには確かな親子の絆があったのだろう。

奈良公園のシカだけが特別扱いを受けているのはどうして?

奈良線 A28
近鉄奈良
きんてつなら
← Kintetsu-Nara

近鉄奈良駅から東方向、徒歩五分ほどのところにある奈良公園は、一八八〇(明治一三)年に整備された歴史ある公園だ。およそ六六〇ヘクタールという広大な敷地には、世界遺産「古都奈良の文化財」に登録されている東大寺や興福寺、春日大社といった著名な寺社・仏閣、雄大な自然を有する春日山原始林、奈良国立博物館などがある。奈良観光の中心地であり、年間一三〇〇万人以上もの観光客が奈良公園を訪れる。

奈良公園に足を踏み入れると、園内を悠然と歩くシカの群れを目にすることができる。自然のなかで自由に暮らすシカと触れ合うことができるのも、奈良公園の魅力のひとつだ。

園内に生息するおよそ一一〇〇頭のシカは、市や寺社に飼われているわけではない。じつはすべて野生のシカで、生物学上、北海道から九州まで日本各地に広く分布するニホンジカという種に分類される。

野生のシカといえば、山深い場所に棲み、場所によっては農作物を食い荒らす害獣として、駆除の対象になることもある。しかし、奈良公園のシカは違う。国の天然記念物として保護されているのである。なぜ奈良公園のシカだけがこのような特別扱いを受けているのだろうか。

春日大社の神の使いだったシカ

奈良のシカの歴史は古い。春日大社の社伝によると、七六八（神護景雲二）年に春日大社が創建された際、常陸《ひたち》国（現・茨城県）鹿島神宮の武甕槌命《たけみかづちのみこと》を祭神として迎えたところ、その神が白いシカに乗ってやって来て、春日山に入ったのだという。

以降、この地のシカは神の使いである「神鹿《しんろく》」として神聖視された。春日大社に参詣する貴族はシカに出会うと吉祥だと喜び、なかにはわざわざ牛車から降りて礼拝する人もいたと伝わる。

その信仰は時代が経っても変わることはなく、一四七三（文明五）年、シカを誤って殺した者が処刑されたという記録が残る。また、シカ殺しを密告した者に織田信長が二〇〇貫の賞金を与えたという逸話も残るほど、奈良のシカは大切に扱われてきた。

江戸時代、観光を兼ねて東大寺や春日大社を訪れる参詣客が増えると、奈良のシカは庶民にとって身近な存在となった。一七九一（寛政三）年に刊行された『大和名所図会』には、参詣者がシカに鹿煎餅を食べさせる様子が描かれている。

ところが明治維新後、奈良のシカは受難に見舞われた。一八七二（明治五）年一月、時の県令が春日山で遊猟を行ない、数十匹のシカを狩っている。さらに一八七三（明治六）年四月、県令はシカの食害を防ぐために春日野の一角に設けられた狭い鹿園にシカを収容。こうして一時、奈良のシカはわずか三八頭にまで減ったと伝わる。

しかし一八七三年一一月、県令が代わると、再び奈良のシカは保護の対象となった。一八七六（明治九）年にはシカを鹿園から解放。さらに一八七八（明治一一）年には神鹿の殺傷禁止区域が定められた。

第二次世界大戦時には深刻な食糧難から奈良のシカが捕獲され、再び数が激減するという事態に陥るが、戦後の一九四七（昭和二二）年、春日大社を中心として「奈良の鹿愛護会」が結成される。こうした保護により、奈良のシカは次第にその数を増やしていった。

そして一九五七（昭和三二）年、「神鹿として保護されてきた歴史を持ち、都市近くでも生態が観察できる他に類を見ない野生動物である」との理由から、文化財保護法によって「奈良のシカ」が天然記念物に指定されたのである。

奈良公園のシカと触れ合うとき、まるでペットのように人に馴れていることに気がつくだろう。これは、長い歴史を通して人々に大切にされてきた結果といえる。

廃業寸前の湯の山温泉を救ったのは「西南戦争」だった！

湯の山線 K30

湯の山温泉
ゆのやまおんせん
← Yunoyama-onsen

湯の山線は、近鉄四日市～湯の山温泉間を結ぶ総延長一五・四キロメートルの路線である。その名の通り、三重県三重郡菰野《こもの》町に湧く湯の山温泉へのアクセスを担っている。湯の山温泉は温泉街であるほか、御在所岳《ございしょだけ》（標高一二一二メートル）の登山基地でもあるため、行楽シーズンには大いに賑わいを見せる。二〇一三（平成二五）年には二二四万八〇七〇人もの人が同温泉地を訪れている（三重県雇用経済部観光・国際局観光政策課による）。

このように多くの観光客を集める湯の山温泉であるが、じつは幕末、廃業寸前の危機にまで追い込まれている。それがなぜ、再び活況を呈するようになったのか。

それを知るためにも、湯の山温泉の歴史について振り返っていこう。

湯の山温泉は、養老年間（七一七～七二三）、浄薫《じょうくん》という僧によって発見されたと伝わる。その後、大同年間（八〇六～八一〇）には、天台宗の開祖・最澄《さいちょう》が国見岳《くにみだけ》山麓に開いた冠峰山三嶽寺《かんぽうざんさんがくじ》の湯治場となった。以降、中世を通じて天台宗の湯治の拠点となる。

しかし一五六八（永禄一一）年、織田信長の伊勢侵攻により、北伊勢地方の天台宗の寺院はことごとく燃やし尽くされてしまう。三嶽寺も焼失し、それによって湯の山温泉も廃泉となった。

その後、湯の山温泉が再興したのは、一六八六（貞享三）年のことだった。湯の山に住む壺屋権七が復興の中心となり、翌一六八七（貞享四）年には八軒の湯宿（杉屋・泉屋・藤屋・菊屋・吉文字屋・松屋・山形屋・壺屋）が整備された。さらに、湯治客を誘致すべく、菰野から湯の山の間に駕籠屋や馬、人足が配置された。そのほか、湯の山まで登山して湯治することができない人のために、桶に湯を入れ各家の風呂場へ運ぶ、湯一駄という湯の宅配サービスも行なわれるようになった。

一七八二（天明二）年に発行された尾張の国学者・堀田方旧《ほったまさひさ》の『護花関随筆《ごかかんずいひつ》』によると、湯の山温泉には八軒の宿のほか、食事処や酒屋などの商家が九軒あり、アマゴなどの川魚や豆腐などの名物が食べられたという。ほかにも多くの知識人や文人が湯治に訪れ、湯の山温泉が賑わっていた様子が記録に残されている。

ところが、江戸時代中期、寛政の改革（一七八七〜一七九三）による倹約令が出されると、幕府によって贅沢が取り締まられたこともあり、湯治や行楽のために湯の山を訪れる客が激減。八軒の湯宿のうち四軒は潰れ、残った四軒も虫の息となった。一八四三（天保一四）年には、この四軒の主人から村役人へ、客足が減って困窮しているため、遊び目的の湯治客らを見逃して欲しいという旨の嘆願書が出されている。その後も藩に対しての訴えがたびたび出されたが、客足は遠のくばかりで、湯の山温泉は荒廃の一途をたどった。一八五八（安政五）年頃には、ついに湯宿も一軒だけとなった。

明治政府が湯の山を臨時療養所にした理由

ところが、衰退していた湯の山温泉を奇跡的に復活させる、ある出来事が起こった。一八七七（明治一〇）年に勃発した西南戦争である。

西南戦争は、西郷隆盛《さいごうたかもり》を中心とする旧薩摩藩士族が明治政府に反旗を翻した近代最後の反乱だ。この反乱を鎮圧するため、五万人以上の政府軍が九州へ送り込まれた。そのうち名古屋鎮台《ちんだい》（明治初年の陸軍の軍団）から派遣された兵士は二〇三四人にのぼる。戦いは政府軍の勝利に終わるが、犠牲は大きく、政府軍の死傷者は一万六一九五人。名古屋鎮台の戦死者は二八六人に達したという。

戦後、負傷兵の臨時保養所を探していた名古屋鎮台は、湯の山温泉に目をつけた。名古屋から比較的距離が近いこともあったが、寂れてあまり人がいない湯の山温泉ならば多くの兵士を受け入れる場所として最適だったためだ。こうして廃業寸前だった湯の山温泉は、兵士の保養所となった。

その後、療養を終えた兵士たちは地元に帰ると、湯の山温泉の効能の素晴らしさを伝えていった。こうした兵士たちの口コミによって湯の山温泉の知名度は全国区となり、湯の山温泉は再び賑わいを見せるようになったのである。

一九一三（大正二）年に四日市～湯の山間に四日市鉄道（現・湯の山線）が開業すると、それに伴って駅の周辺には茶店や土産物屋が建ち並ぶようになり、観光客はさらに増加。湯の山温泉は「関西の奥座敷」としての地位を確立し、現在も多くの人を迎え入れているのである。

第三章

見慣れた風景に潜む
不思議！
近鉄沿線謎解き探検

えっ？国道なのに車では通行できない!?

奈良線

A 13

瓢箪山
ひょうたんやま
← Hyotan-Yama

奈良線の瓢箪山《ひょうたんやま》駅は、近鉄の前身・大阪電気軌道時代の一九一四（大正三）年四月三〇日に開業した歴史の古い駅だ。一九九七（平成九）年に、現在の橋上駅となった。駅名である瓢箪をイメージしたドーム型の天井が特徴的である。

瓢箪山駅を降りると、線路の北側に「サンロード瓢箪山」、南側に「ジンジャモール瓢箪山」という商店街が広がる。両商店街ともにアーケードが架かっており、雨の日でも傘を差さずに歩くことができる利便性から、一日に約一万三〇〇〇もの人が同商店街を通り抜ける。

アーケード商店街自体は珍しいものではない。とくに大阪では、天神橋筋《てんじんばしすじ》商店街や心斎《しんさい》橋《ばし》筋商店街など、主要駅前の商店街にはほぼアーケードが架かっている。

しかし、瓢箪山駅前のアーケード商店街は、それらの商店街とは根本的に異なる特徴を持っている。じつは、アーケード商店街全体が「旧国道一七〇号」に指定されているのだ。

ただし、午前七時から午後八時までは車両通行止めとなっており、国道でありながらも昼

全国でも珍しいアーケード国道「サンロード瓢箪山」。昼間は車の通行が禁止されているため、安心して歩くことができる。（写真：Kansai explorer）

間は車で走り抜けることができない。いったいなぜ、このような不可思議な道路が形成されたのだろうか。

アーケード国道誕生の歴史

瓢箪山駅前の府道枚方《ひらかた》富田林《とんだばやし》泉佐野《いずみさの》線沿いに商店街が自然発生的に誕生したのは、一九四七（昭和二二）年のことだった。アーケードが設置されたのは、一九六一（昭和三六）年のことだ。

府道枚方富田林泉佐野線は、東高野《ひがしこうや》街道や河内《かわち》街道など古代の街道の流れを汲む幹線道路であり、交通量は多かった。そのため一九六三（昭和三八）年、府道は旧国道一七〇号に指定された。つまり、もともと存在していたアーケード商店街が国道へ変貌を遂げたのである。

こうして、世にも不思議なアーケード国道が誕生した。商店街を歩いていると、店の看板の位置が高いことに気がつくが、これは車の通行に配慮した結果だ。

その後、旧国道一七〇号と並行して大阪外環状線（外環）が敷かれ、新国道一七〇号として指定されたが、それでも旧国道一七〇号の国道指定が外されることはなかった。通常であれば、旧国道は都道府県道へと格下げされるところであるが、旧国道一七〇号の場合は標識の架け替えや台帳変更の煩雑さ、また、国道として市民の間に定着しているという理由により、国道の地位を保っている。これにより、瓢箪山駅前のアーケード商店街は、昼間は歩行者天国のアーケード国道として、現在も多くの人々の通行路として利用されているのである。

なお、アーケード国道が存在するのは、日本ではこの瓢箪山と長崎市の浜町アーケード（国道三二四号）の二か所だけだ。

元興寺の西の通りだけが碁盤目状になっていない不思議

奈良線　A28
近鉄奈良
きんてつなら
← Kintetsu-Nara

近鉄奈良駅の南東、駅から徒歩一〇分ほどのところに元興寺《がんごうじ》がある。中央に並び建つ極楽坊本堂や禅室は鎌倉時代の姿をいまに残す建築物として、国宝に指定されている。そのほか東門や小子房など、境内には多くの文化財がある。また、法輪館（収蔵庫）には国宝の五重小塔のほかに、数多くの仏像が所蔵されている。

そんな元興寺の周辺、新屋《しんや》町や中新屋《なかのしんや》町、芝新屋《しばのしんや》町にまたがる一帯は「奈良町《まち》」と呼ばれている。鹿格子《しかこうし》や虫篭窓《むしこまど》など江戸時代の姿を残す町家が多く建ち並ぶ、歴史ロマン漂う場所だ。

町割りにも古都・奈良の特徴が色濃く残り、碁盤の目状の街路が整然と配置されている。しかし不思議なことに、奈良町の中心部、ちょうど奈良町物語館の前の道だけが、カギ型に折れ曲がっている。

なぜ、ここだけがほかとは違う道の形になっているのだろうか。この謎を解くには、奈良町が形成された過程を知る必要がある。

元興寺の旧境内に形成された町

元興寺の創建は、五九六（推古四）年にさかのぼる。もともとは飛鳥《あすか》の地に建てられ、「飛鳥寺」あるいは「法興寺」と呼ばれていた。

建設に尽力したのは、古代の豪族・蘇我馬子《そがのうまこ》である。馬子は、先進的な大陸文化を積極的に取り入れることが国を発展させる近道と考え、六世紀に大陸から伝来した仏教を国中に広めようとした。その拠点となるべき日本最初の本格寺院として建てられたのが、元興寺だった。

当時の元興寺の伽藍には三つの金堂が配され、それぞれに金銅の釈迦如来坐像、石の弥勒菩薩像、刺繡の仏画が本尊として祀られたという。

やがて七一〇（和銅三）年に奈良の平城京が都となると、七一八（養老二）年、元興寺も平城京の外京に移された。その境内は、南北約五〇〇メートル、東西約二六〇メートルという広大なものであった。

正面の南大門を入ると、眼前に中門、東に塔、西に小塔院があった。中門は奥にある講堂と回廊で結ばれ、回廊で囲われた中心部には金堂が建てられていた。そして講堂の北には鐘楼が置かれ、その東西に大坊と小子房という僧坊が配された。僧坊のうち、東室南階

元興寺周辺図

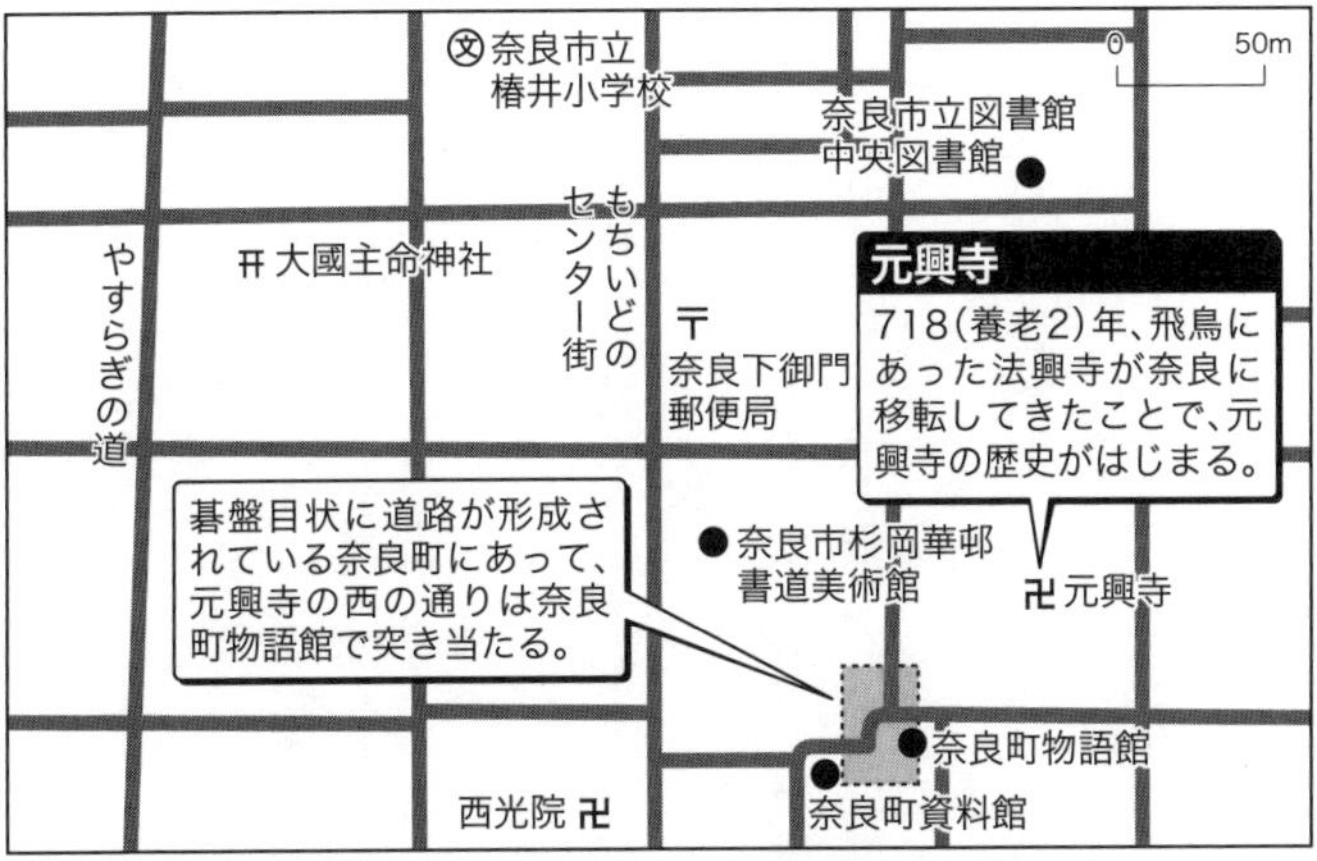

もともと奈良町物語館の場所には、元興寺の金堂があった。金堂は焼失するが、基礎部分は残された。その後、道が整備される際、基礎部分を壊して道を通すことがはばかられたため、ここだけ道路が突き当たりにぶつかっている。

大坊は、平安時代末期に本堂と禅室に改装され、極楽坊となった。

しかし、平安時代以降、元興寺は徐々に寺勢を失っていく。国家の監督下にある官大寺ではなくなり、国からの財政援助がなくなってしまったためだ。

境内の施設の維持もままならなくなった。回廊の瓦は落ちたまま放置され、金堂や講堂の天井は腐って雨漏りを起こす有様であった。

また僧坊の一部はすでに朽ち果て、その跡地には木々が茂るほど荒廃していたと伝わる。

そんな元興寺にとどめを刺したのは、一四五一（宝徳三）年に起きた土一揆だった。税の免除などを求めて蜂起した人々によって奈良の町が放火され、金堂や小塔院など、元興寺のほとんどの施設が全焼したのである。焼け残ったのは極楽坊など中枢部だけであり、焼失した施設が再建されることはなかった。

そして戦国時代末期から、建物がなくなった旧境内地へ徐々に人々が住みつきはじめ、極楽坊周辺を除き、境内のほとんどが町へと変貌を遂げた。そうして形成されたのが、現在の奈良町である。

町がつくられると、それに伴って道も整備されていった。しかし、このときに問題がひとつ発生する。建物が焼失したとはいえ、至るところに元興寺の遺構が残されていたのである。

金堂跡に建てられている奈良町物語館の場所には、金堂の基礎部分があった。さすがにそれを取り除いて道を敷くことははばかられたため、道は基礎を避けるようにして敷かれた。

こうして、碁盤の目状の街路にあって不自然なカギ型状の道ができたのであった。この道は、奈良町ができてから現在まで、ほぼそのままの形で受け継がれている。

「京の七口《ななくち》」、七が示すのは数じゃない!?

京都線 B 04
上鳥羽口
かみとばぐち
← Kamitobaguchi

京都には、荒神口《こうじんぐち》や粟田口《あわた》など「口」のつく地名が多く残る。駅名でも京都線・上鳥羽《かみとば》口駅をはじめ、JR山陰本線・丹波《たんば》口駅、京都市営地下鉄烏丸線・鞍馬《くらま》口駅などがある。「口」は、人や物が出入りするところという意味を持つ。すなわち、これらの地名は「京都への出入り口」であることを示すものだ。

平安時代に都が置かれて以降、日本の中心都市として発展を遂げた京都には、古くから市中への玄関口が設けられた。これを総称して「京の七口」と呼ぶ。この呼称が用いられるようになったのは、鎌倉時代後期から室町時代初頭にかけてのことだと見られている。ただしこの口は、人の出入りを管理するというよりは、通行する人々から関銭を徴収するという意味合いが強かったようだ。徴収された関銭は御所や内裏、伊勢神宮の修理造営などに用いられた。

だが一方で、室町幕府八代将軍足利義政の妻・日野富子《ひのとみこ》の私腹を肥やすために使われたケースもあった。これにはさすがの庶民も怒りを爆発させ、一四七八（文明一〇）年一二月、口の撤廃を要求する山城土一揆が起こっている。

「七」が示すものとは?

「京の七口」と呼ばれるからには、七つの口が置かれたのだろうと思われがちであるが、実際はそうではなかった。

口の設置権は室町幕府にあったため、収入の増加をもくろみ、新しい口の設置が繰り返された。室町時代の公卿・万里小路時房《までのこうじときふさ》の日記『建内記《けんないき》』によると、八瀬《やせ》、今道の下、東寺口、法性寺《ほっしょうじ》、鳥羽、七条口《しちじょう》、長坂口《ながさか》の七か所に置かれていたとある。しかし、そのほかにも木幡口《こばた》、坂本口、鞍馬口、西口(嵯峨口《さが》)、南口、淀口、摂津芥川、納所関、辰巳口があったようだ。また、その場所自体も「京都」の範囲と連動し、変化していた。

これが、七つに固定化されたのは一五九一(天正一九)年のことである。豊臣秀吉が御土居《おどい》と呼ばれる土塁で京都市中を囲み、洛中と洛外の境界を可視化するとともに要衝の地に七口を設置し、洛中への出入り口としたのだ。

このとき設けられたのは、「東寺口」「大原口」「丹波口」「粟田口」「清蔵口《せいぞう》」「荒神口」「鞍馬口」だった。

ただし、戦国・江戸時代初期の公家・近衛信尹《このえのぶただ》の日記『三藐院記《さんみゃくいんき》』によると、築造当時

代表的な「京の七口」

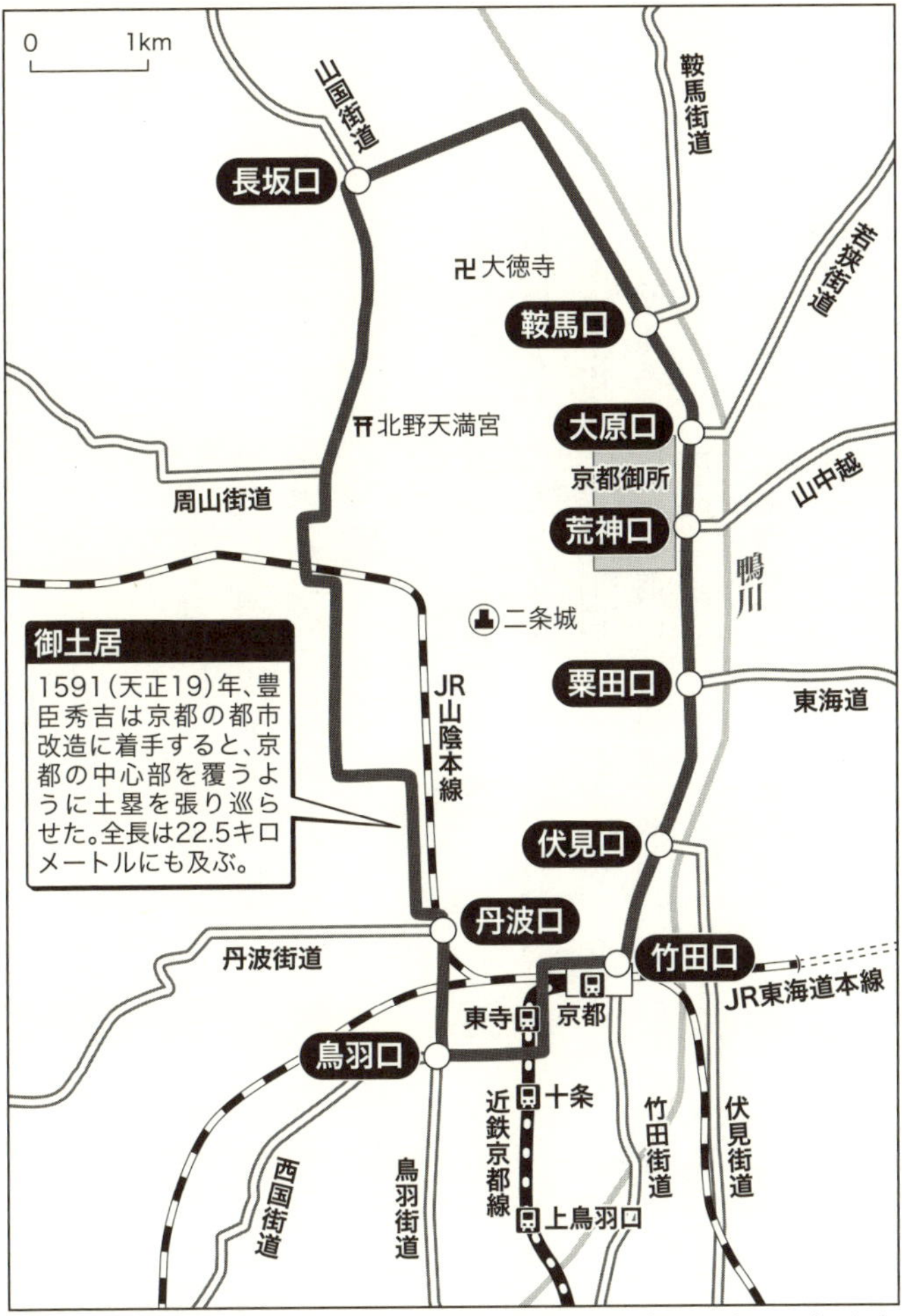

古来、京都には「京の七口」と呼ばれる市中への出入り口が設けられていた。しかし実際は七か所ではなく、時代によって数は異なっていた。上図に挙げたものは、「京の七口」のなかでも代表的なものだ。

の御土居の出入口は一〇口あったといい、一七一七（享保二）年頃に成立した『京都御役所向大概覚書』では一応は七口を紹介しながらも、追記という形で計一一もの口を紹介している。

それでも「京の七口」と呼称されたのは、そもそも「七」は総数を表わすのではなく、律令制下に敷かれた七道（東海道、東山道、北陸道、山陰道、山陽道、南海道、西海道）から京都へ入るための重要な出入り口のことを指し示しているからだと考えられている。また、陰陽道から見た卜定《ぼくじょう》（吉凶を占いで定めること）の結果、「七」の数字が縁起がよいとされたためだともいわれる。

今日では、「鞍馬口」、「大原口」、「荒神口」、「粟田口」、「伏見口」、「竹田口」、「鳥羽口」、「丹波口」、「長坂口」という計九つの出入り口が、「京の七口」として知られている。

しかし、こうした京の七口の「鳥羽口」と、駅が存在する「上鳥羽口」とは、じつは歴史的にも立地上も関連性はない。鳥羽には東寺口が置かれ、南の鳥羽方面へと向かう鳥羽街道の出入口になっているが、この街道とも大きく離れているのである。この駅名での「上鳥羽口」とは、上鳥羽にある現在の京都への新しい出入り口として名づけられ、機能しているものである。

日本一密集している寺院街になぜ「浄土真宗」のお寺がない!?

難波線
奈良線
大阪線
A 03
D 03

大阪上本町
おおさかうえほんまち
← Osaka-Uehommachi

大阪上本町《おおさかうえほんまち》駅は、近鉄の前身・大阪電気軌道のターミナル駅として開業した。一九一四(大正三)年四月三〇日のことだ。当時は現在より北側にあったが、一九二六(大正一五)年に現在地へ移転した。一九七〇(昭和四五)年に難波《なんば》線(大阪上本町〜大阪難波)が開業したことで、大阪線の特急列車や奈良線の列車が大阪難波駅始発となり、ターミナル駅としての地位は低下した。だが、それでも九面八線の堂々たるホームを有する大阪市街の東玄関口であることに変わりはない。

駅前は、近鉄百貨店上本町店や二〇一〇(平成二二)年に開業した複合商業施設・上本町ＹＵＦＵＲＡなどが建ち並び、賑やかな繁華街となっている。だが、駅から少し離れると、なぜか寺院が多いことに気がつくだろう。下寺町を含む南北一四〇〇メートル、東西四〇〇メートルに門を構える寺院はじつに八〇以上。大阪府内でも随一の寺院街が形成されている。

全国を見渡してみても、大阪は寺院が多い地域として知られる。文化庁の「宗教統計調査（二〇〇九年）」によると、大阪の寺院数は三三九二。これは全国二位の数字だ（一位は愛知県で四六四九寺）。一般に、古都・京都（三〇七四寺）や奈良（一八三七寺）のほうが多いというイメージを持たれがちであるが、実際はそうではないのだ。寺院の密度で見ると、大阪府は一平方キロメートルあたり一・七三寺と、全国でもっとも数値が高い。

なぜ、大阪にはこれほどまでに寺院が密集しているのだろうか。その背景には、豊臣秀吉のある思惑が秘められていた。

大坂城の南に寺院を集中させた理由

秀吉が上町台地の北端に大坂城を築きはじめたのは、一五八三（天正一一）年のことだった。その後、六年もの歳月を費やして天守、本丸、二の丸を完成させている。

もともとこの地には、浄土真宗本願寺派の本山・石山本願寺があった。高所にあり、かつ北を淀川、東を大和川、西を木津川と大小の河川に守られた天然の要害だった同寺は難攻不落の寺であり、一〇年以上に及ぶ織田信長との石山本願寺戦争に耐えたことでよく知られるところだ。

だが唯一、南側の防備だけが手薄だった。そこで秀吉は、大坂城を築くにあたり、大坂市中の寺院を上町台地の南に移転させ、同城の防備としたのである。

大坂市中の寺院の移転

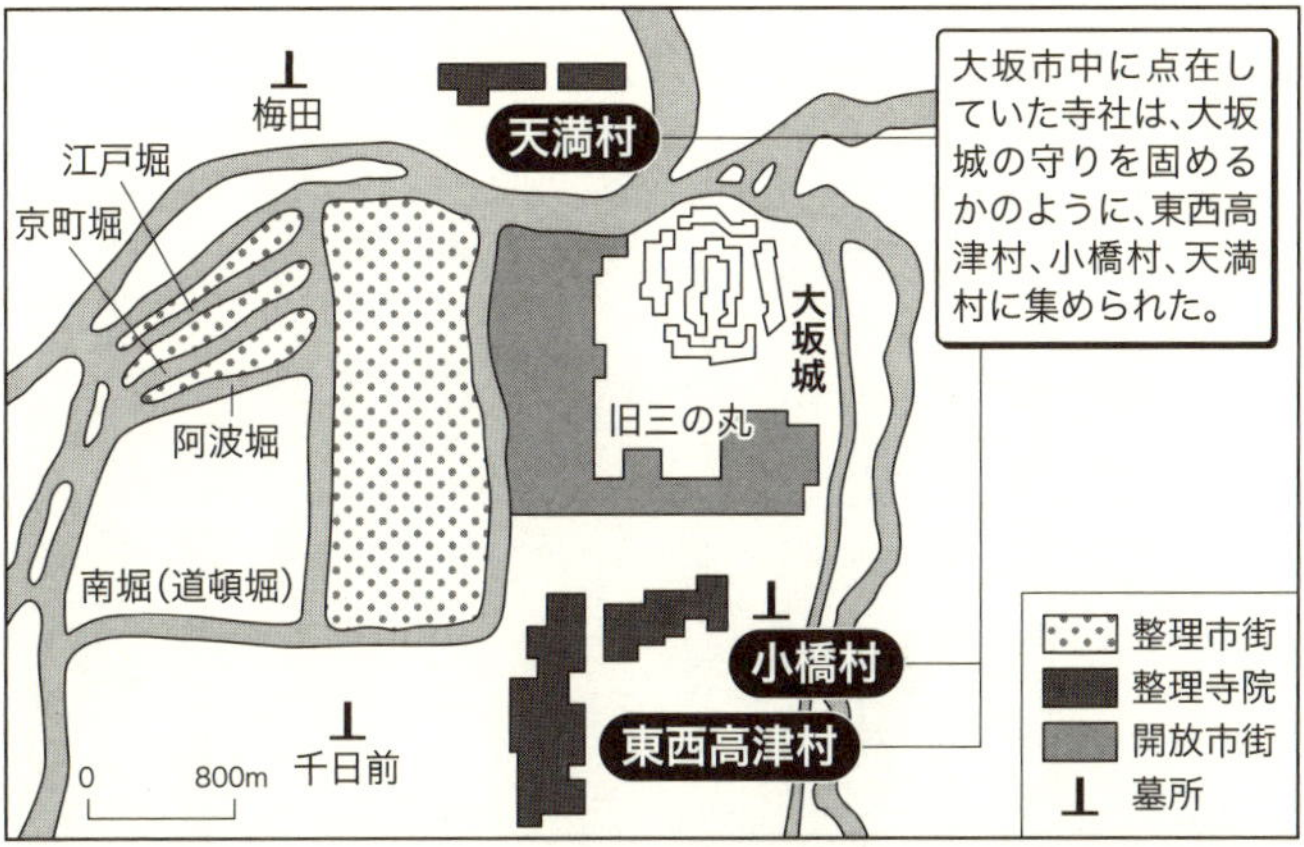

〈出典:『大阪府の歴史』藤本篤、前田豊邦ほか編(山川出版社)〉

豊臣秀吉の時代、大坂市中の寺院が大坂城の南側に移築される。その後、江戸時代に入ると、大坂城主・松平忠明も市街地改造の一環として寺院を移築。外部から大坂城を守る障害物とした。

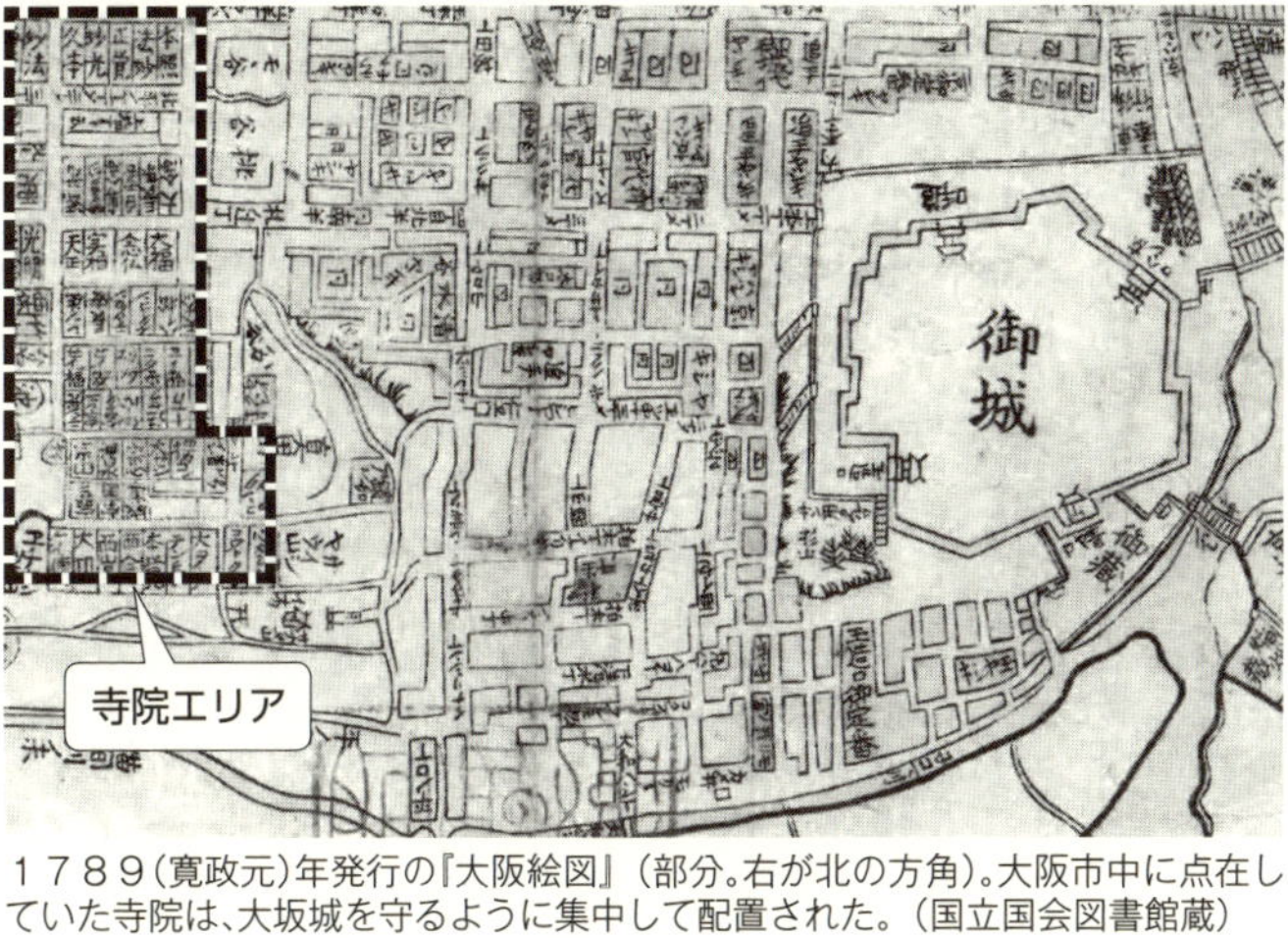

1789(寛政元)年発行の『大阪絵図』(部分。右が北の方角)。大阪市中に点在していた寺院は、大坂城を守るように集中して配置された。(国立国会図書館蔵)

寺院を一か所にまとめて配置するのは、城下町によく見られる形態だ。広い敷地に多数の堂を有する寺院は、有事の際、多くの兵を収容することができた。いざ敵が攻めてきたときには、ここが防衛線の役割を果たしたのだ。

その後、江戸時代になり、大坂の主権が豊臣家から徳川家へ移行しても、寺の移転と集積は続いた。

一六一五（元和元）年の大坂の陣後、焼失した大坂城を再建した江戸幕府は、やはり城の南の守りを固めるため、上町台地の南に寺院街を形成した（寺院街が形成されたのは、大坂が幕府の直轄領となった一六一九年以降だともいわれる）。

こうして大坂の町に密集した寺院街が形成されたわけであるが、じつは寺院の宗派には偏りが見られる。もっとも多いのが浄土宗で、寺町の五分の三ほどを占める。そのほか、真言宗や禅宗、法華宗などの寺院が建ち並ぶ。

しかし、不思議なことに浄土真宗の寺院を見つけることはできない。石山本願寺戦争や一向一揆など、浄土真宗の門徒は時の権力者と対立した。そうした経緯があったことから、彼らが団結して謀反を起こさないよう、寺町に移築させずにあえて大坂市中に分散させたといわれている。

興福寺とひがしむき商店街の意外な関係

奈良線　A28

近鉄奈良
きんてつなら
Kintetsu-Nara

近鉄奈良駅を降りて東へ向かうと、「ひがしむき商店街」というアーケード商店街が約二五〇メートルにわたって南北に延びる。幅約八メートルほどの歩道の両側には店がずらりと軒を連ね、地元の人と観光客とで終日賑わいを見せている。

「ひがしむき」という一風変わった名称は、この商店街が「東向北町」「東向中町」「東向南町」に存在することに由来する。

東向という地名の歴史は古く、すでに室町時代からあった。興福寺多聞院《たもんいん》院主の日記『多聞院日記』一五八三（天正一一）年四月二〇日条に、「東向郷」という地名を見ることができる。

かつては南北に延びる道の西側のみに人家が建ち並び、それらが東向きだったことからつけられた名称だ。

ここで、ひとつ疑問が浮かぶ。普通に考えると、道の西側に家があれば、当然、東側にもあって然るべきである。だが、東側には家が建てられなかった。これはいったいどういった理由によるものなのだろうか。

この謎を解く鍵は、法相宗《ほっそうしゅう》の大本山・興福寺の存在にある。

興福寺の衰退に伴って建ち並んだ民家

興福寺が創建されたのは、七一〇（和銅三）年のことだった。その前身は、六六九（天智八）年、天智《てんじ》天皇の側近として活躍した藤原鎌足《かまたり》の妻・鏡女王《かがみのおおきみ》が山城《やましろ》国宇治《うじ》郡小野郷山階《やましな》に創建した山階寺だといわれている。

天智天皇の死後、都が飛鳥地方に移ると、山階寺も飛鳥の厩坂《うまやさか》へ移され、厩坂寺と名を変えた。その後、平城京遷都に伴い、鎌足の子・不比等《ふひと》が平城京外京の東端に移築。興福寺と名を改めた。

藤原氏の氏寺として栄えた興福寺は、藤原氏の権勢の拡大とともに勢力を伸ばし、中世には大和国の領主として繁栄を極めた。最盛期には、四町（約四四〇メートル）四方の広大な寺域に一七〇余の建物があったといわれる。

その西端にあたっていたのが、現在の東向通りだ。通りの東側には興福寺の築地《ついじ》（塀）が建てられ、その奥には寺の建造物が建ち並んでいた。

江戸時代中期に成立した『奈良街著聞記』によると、「興福寺は伽藍近辺には商家をつくらせなかったため、築地のある道路の東側には家がなく、西側ばかりに商家があった」ということだ。

それでは、いったいなぜ東側にも民家が建ち並ぶようになったのだろうか。

そのきっかけは、一七一七（享保二）年に起きた火災にあった。興福寺の講堂から出た火は、瞬く間に中金堂や中門、東西回廊、三面僧房、南大門、西金堂、南円堂を焼き尽くした。この火災により、興福寺は西半分の伽藍を失ったといわれる。

その後、興福寺は伽藍の再建に乗り出すも、復興計画は進展を見せないまま、明治維新を迎えることとなった。

一八七一（明治四）年には明治政府に寺領を没収され、次第にその勢力は衰えていく。それに伴い、東向通りの東側にも民家が建ち並ぶようになった。

その後、大阪電気軌道が一九一四（大正三）年、上本町（現・大阪上本町）〜奈良（現・近鉄奈良）間の営業を開始。当初、風紀が乱れるという理由で列車の奈良への乗り入れを反対する意見が多かったというが、時の奈良知事・折原巳一郎《みいちろう》は奈良の発展には電車が不可欠としてこれを退けると、鉄道の敷設を推進した。こうして奈良駅が設置されると、東向通りは駅前通りとしての性格を帯びるようになり、大いに発展を遂げることとなったのである。

なぜか「妻入り」様式の民家が建ち並ぶ門前町の謎

山田線
鳥羽線
M 74
宇治山田
うじやまだ
← Ujiyamada

伊勢神宮内宮の境内へ至る宇治橋《うじばし》の手前から五十鈴川《いすずがわ》に沿って続く石畳の通り沿いは、「おはらい町」と呼ばれている。飲食店や土産物屋などが建ち並び、常に観光客で賑わいを見せる場所だ。

おはらい町の由来は、「御師《おんし》」と呼ばれる伊勢神宮の下級神官にある。かつてこの地で、参詣者のための祈祷（おはらい）をしていたことから、その名がついたと伝わる。

また、おはらい町の中央には、江戸から明治時代の伊勢路の町並みを再現して一九九三（平成五）年に赤福の製造会社によりつくられた「おかげ横丁」がある。一歩足を踏み入れれば、まるで江戸時代にタイムスリップしたかのような気分を味わせてくれる。

このおはらい町を歩くと、どの家の屋根も切妻《きりづま》（棟を中心として両側に勾配屋根がある。本を伏せて置いたような形状）であることに気がつくだろう。さらにここで各家の出入り口に注目してほしい。よく見ると、どの家の出入り口も「妻入《つまい》り」様式になっていることがわかるはずだ。

おはらい町。内宮の建造物に配慮し、妻入り様式の家が建ち並ぶ。

切妻屋根を持つ日本家屋の出入り口には、「妻入り」と「平入り《ひらい》」という二種類の様式がある。妻入りとは、切妻屋根の建物の妻側、すなわち屋根の三角形の部分の壁に出入り口を設けて正面とする建築様式だ。それに対して平入りは、切妻屋根の棟と平行している壁を正面として出入り口を設ける。

歴史のある地域で、町並みが統一されているのは特段珍しいものではない。しかしおはらい町の場合は、伊勢神宮の門前町ならではの事情が秘められているのである。

伊勢神宮への配慮

ここで、伊勢神宮の内宮正殿へ向かってみよう。正殿の建築様式は、神明造《しんめいづくり》という。

屋根は切妻で、出入り口は平入りだ。

おはらい町の家が平入りではない理由が、ここにある。

伊勢神宮の門前町として栄えてきたおはらい町の人々は、家を建てるにあたり、平入りの神宮と同じ様式にすることは畏れ多いと感じた。そこで、伊勢神宮をはばかり、妻入りの家を建てたのである。

これは、何もおはらい町に限った話ではない。おはらい町から北へ四キロメートルほど行ったところにある河崎《かわさき》でも、古い民家の大半は妻入りだ。

河崎は江戸時代、伊勢神宮外宮の門前町・山田町の一町として栄えた地域である。伊勢湾に注ぐ勢田《せた》川沿いに位置していたことから、海路、伊勢神宮へ参詣する人々と物資を運ぶ湊町として発展を遂げた。やはり河崎の人々も、伊勢神宮に配慮して平入りの家を建てなかったのである。

明治時代、陸上交通の発達に伴って水路交通は衰退。河崎は往時の繁栄を失うこととなったが、現在も蔵や船宿、問屋といった建物に、河崎の人々の伊勢神宮への信仰を見ることができる。

なぜこんなところに！中州につくられた県道一〇六号

名古屋線　E13

桑名
くわな
← Kuwana

名古屋線の起点・近鉄名古屋駅から電車に乗り、伊勢方面へ向かうと、その途中、弥富《やとみ》〜長島《ながしま》間で木曽《きそ》川を、長島〜桑名《くわな》間で長良《ながら》川、揖斐《いび》川を渡る。

長良川と揖斐川を渡るとき、車窓をよく眺めてほしい。長良川と揖斐川をわける細い堤防上に、道路が敷かれていることに気がつくはずだ。この道路は、正式には「三重県道・岐阜県道一〇六号桑名海津《かいづ》線」という。三重県桑名市と岐阜県海津市を結ぶ全長約八キロメートルの道路である。

川に沿うようにして土手上に敷かれたこの道には、分岐点や信号はない。ひたすら一直線の道が続く。道の両側には草むらが広がるが、さらにその外側は長良川と揖斐川が流れている。街灯も設置されていないことから、夜、通行するには危険な道路といえる。

抜け道として使われる県道

それにしても、なぜこんなところに道が整備されたのだろうか。

じつは、この道が整備された経緯は、道路を管理している桑名建設事務所でも把握していない。

ただし、長島村（現・長島町）の記録に市町村道として記録されていることから、少なくとも長島村が町制施行された一九五四（昭和二九）年以前にはすでに存在していたことがわかる。桑名建設事務所によると、揖斐川の西に走る国道二五八号など、木曽川水系に沿って南北に走る道路の開発と合わせてつくられたのではないかという。

古くから利用されてきた道だということはわかるが、それでは、なぜこのような道が県道に指定されているのだろう。

桑名海津線が県道として認定されたのは、一九七七（昭和五二）年五月三一日のことだった。この道路が結ぶ桑名市は人口一四万を抱える三重県の主要都市であり、一方の海津市は岐阜県の最南端に位置することから県の玄関口にあたる。地域にとっての主要な都市を結んでいることから、市町村道から県道へと昇格を果たすことができたのだ。

桑名海津線の南には国道一号が通っているが、常に混雑している。そのため、地元の人にとって桑名海津線は、「抜け道」として重宝されている。

十三街道はなぜ「業平道」と呼ばれるのか

信貴線 J13
服部川
はっとりがわ
Hattorigawa

河内山本《かわちやまもと》〜信貴山口《しぎさんぐち》間を結ぶ総延長二・八キロメートルの信貴線は、信貴山に鎮座する朝護孫子寺《ちょうごそんしじ》（毘沙門天）への参詣者の便宜を図るため、一九三〇（昭和五）年一二月一五日に開通した。

河内山本駅を出発した列車は、途中の服部川《はっとりがわ》駅から先で四〇パーミル（一〇〇〇メートル進んだときに四〇メートルの高低差があることを示す）という急勾配をのぼる。

服部川駅で降りて北へ向かうと、十三街道へと至る。大阪市玉造《たまつくり》から大阪府と奈良県の府県境・十三峠を経て、奈良県平群《へぐり》町に至る道だ。

街道沿いには、古墳時代中期に造営された前方後円墳・心合寺山《しおんじやま》古墳や、大阪府の天然記念物に指定されている巨大なクスノキを擁する玉祖《たまのおや》神社、十三峠を越える旅人のために弘法大師が祈願して湧いた霊水が流れる水呑《みずのみ》地蔵尊などの史跡が建ち並ぶ。

この十三街道は、別名「業平道《なりひらみち》」とも呼ばれる。

業平とは、平安時代の歌人・在原業平《ありわらのなりひら》のことを指す。平城《へいぜい》天皇の孫という血筋の良さに加え、容姿端麗。しかも六歌仙に数えられるほど歌の才能も持ち合わせていた。当代きってのプレイボーイであり、ひとりの男性の恋愛遍歴を描いた『伊勢物語』の主人公は業平をモデルにしたのではないかといわれている。

業平が通った道

それでは、十三街道はなぜ「業平道」と呼び習わされるようになったのか。それについて、次の逸話が残る。

業平が玉祖神社に参拝したときのことである。業平は境内の茶屋の娘を見初め、恋に落ちた。当時、業平は奈良の天理《てんり》に住んでいたが、娘会いたさに十三街道をせっせと通った。その回数は、じつに八〇〇回以上に及ぶ。どれだけ業平が娘に執心していたのかがわかるだろう。この業平のひんぱんな往来から、十三街道は「業平道」と呼ばれるようになった。

だが、その恋は唐突に終わりを告げる。

いつものように茶屋へ着いた業平だったが、ふと外から中をのぞいたところ、娘が自分で器に飯を盛り、食事をしていた。

通いはじめた頃は侍従に飯をよそってもらい、あれだけおしとやかだったのに、いまは自分で飯をよそっているではないか……。

八尾市に鎮座する玉祖神社。在原業平はこの神社の境内で営業していた茶屋の娘に会うため、十三街道をひんぱんに行き来した。（写真：Kansai explorer）

そんな娘に、業平は幻滅した。一〇〇年の恋も瞬く間に冷め、以降、茶屋へ通うことはなくなったという。

あるいは、こんな話も残る。娘がしゃもじで直に飯を食べる姿を見て幻滅した業平が逃げ帰ろうとしたところ、それに気づいた娘が追ってきた。すっかり怖くなった業平は、井戸の横にある木に登り、身を隠した。井戸の水面には業平の姿が映っており、それを業平だと勘違いした娘は彼に抱きつこうとして井戸に転落。そのまま還らぬ人になってしまったという。

結果的に思いは実らず、悲しい結末に終わってしまったが、「業平道」を歩きながら、かつての恋物語に思いを馳せるのもまた一興だろう。

奈良奉行所をとにかく巨大につくった家康の思惑

奈良線 A 28

近鉄奈良
きんてつなら
Kintetsu-Nara

一九八一（昭和五六）年、近鉄奈良駅の北側に位置する奈良女子大学の敷地内から大規模な堀跡が発掘された。奈良町の行政や大和国の社寺支配を司った奈良奉行所跡である。

この奉行所の特徴は、その敷地の広大さにある。敷地は東西・南北ともほぼ九二間（約一七〇メートル）。屋敷の総坪数は八六九五坪余で、道敷三六八坪、北門番所の一八坪を合わせると、九〇八一坪にも及んだ。

全国のほかの奉行所を見ると、江戸の北町奉行所は二五六〇坪、南町奉行所は二六二六坪、大坂の東町奉行所は二九六〇坪、西町奉行所は二七六五坪、京都の東町奉行所は五三二七坪、西町奉行所は三八八六坪、堺奉行所は五〇〇〇坪余。これらと比較すると、奈良奉行所がいかに抜きん出て大規模なものだったのかがわかる。

戦時の繋ぎの城として築かれた奉行所

大きさのみならず、奈良奉行所の構造もまた、独特のものだった。

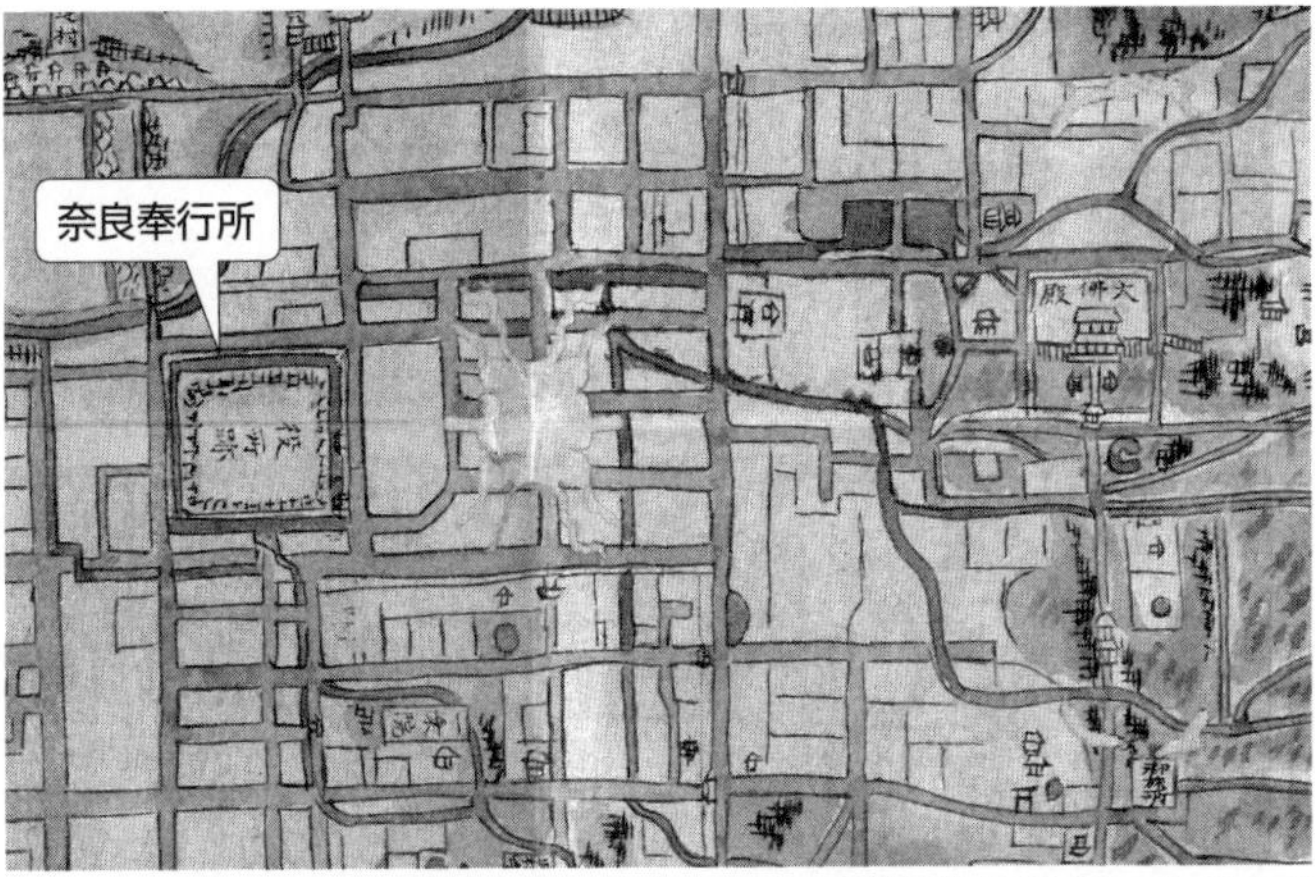

１８８８（明治２１）年に発行された『南都古京図』。「役所跡」と記されているのが、かつての奈良奉行所。その後、学校用地として文部省（当時）に寄贈された。（国立国会図書館蔵）

奉行所の周囲には高さ二間（三・六メートル）ほどの土塁が築かれ、それを覆うように幅六〜九間（約一一〜一六メートル）もの濠が四周に巡らされた。そしてその濠の外側にも土塀が築かれた。また、正門となる長屋門の脇には土塁と同じ高さの石垣が積まれ、そこには矢狭間《やはざま》（内側から矢を射るための穴）が切られていた。まるで城郭である。近世の奉行所で、これほど大規模かつ厳重な防備体制を備えていた場所は、ほかに類を見ない。

奈良奉行所はなぜ、城郭のような構造をしているのか。

その背景には、上方の政情不安が横たわっている。

一六〇〇（慶長五）年九月の関ヶ原の戦

いで勝利を収めた徳川家康は、その三年後、江戸に幕府を開いた。こうして時代は徳川の世へ移行するが、大坂にはそれまでの天下人だった豊臣秀吉の嫡子・秀頼が健在であった。泰平の世を現出するためには、豊臣家を滅ぼす必要がある。来るべき戦いに備え、家康は江戸と上方を結ぶ地域に「御殿《ごてん》」と称する城館を築き、繋ぎの城として機能させた。奈良奉行所も、そのような御殿のひとつだったのではないかと見られている。

実際、一六一四（慶長一九）年一〇月に大坂冬の陣が勃発すると、一一日、駿府城を出立した家康は二三日、二条城に入り、一一月一五日、奈良奉行・中坊秀政《なかのぼうひでまさ》の館（奈良奉行所）を本陣とし、やがて摂津住吉《せっつすみよし》へと軍を進めた。こうして家康は、大坂城を包囲したのである。

翌年の大坂夏の陣で豊臣家が滅亡すると、奈良奉行所の御殿としての役割は終わった。その後は幕府権力の安定化のために大和国の支配が主な目的となったが、それも明治維新によって終焉を迎える。

奈良奉行所跡地は学校用地として奈良市から文部省（当時）に寄付され、一九〇八（明治四一）年三月、東京女子高等師範学校（現・お茶の水女子大学）に次いで、女子の高等教育機関である奈良女子高等師範学校が設置された（開校は翌年）。一九四九（昭和二四）年には国立学校設置法によって奈良女子大学となり、今日に至る。

田原本線 137

黒田
くろだ
← Kuroda

桃太郎の出身地は岡山じゃなくてじつは奈良県!?

桃のなかから生まれた桃太郎がイヌ、サル、キジのお供を連れて鬼ヶ島の鬼を退治する——数ある日本昔話のなかでも、『桃太郎』の物語はとくに親しまれているのではないだろうか。

物語の主人公・桃太郎のモデルと考えられているのが、第七代孝霊《こうれい》天皇の皇子・吉備津《きびつ》彦命《ひこのみこと》だ。

吉備津彦命を祀る岡山県の吉備津彦神社の縁起によると、吉備津彦命は悪行を重ねて人々を苦しめる温羅《うら》を見事退治し、吉備国（現・岡山県）を守ったと伝わる。この「温羅退治」がもととなり、室町時代頃に『桃太郎』の物語の原型ができ上がったといわれている。

そして江戸時代の元禄年間（一六八八～一七〇三）には『桃太郎』の関連本が五〇冊以上出版され、広く庶民に親しまれていった。明治時代には、ほぼ現在と同じような内容となり、いまにまで語り継がれている。

桃太郎は田原本町生まれ!?

「『桃太郎』といえば岡山」というイメージを持つ人は多いのではないか。実際、岡山市内の至るところで桃太郎の像を見ることができ、また通りの名前にも桃太郎の名前を冠するなど、まさに町中が桃太郎一色に染まっている。

しかしじつは、桃太郎の生誕地は奈良県にあるといわれている。磯城《いそぎ》郡田原本《たわらもと》町黒田《くろだ》が桃太郎の故郷だと目されているのだ。

その根拠となっているのが、『古事記』『日本書紀』の記述である。『記紀』には桃太郎のモデル・吉備津彦命の武勇譚が掲載されている。『古事記』には吉備津彦命と弟・若日子建命《わかひこたけのみこと》が力を合わせて吉備国を平定したとあり、『日本書紀』には四道《しどう》将軍のひとりに選ばれた吉備津彦命が西道（山陽道）に派遣されたとある。

吉備津彦命が吉備国を平定したことは間違いないと思われるが、それでは吉備津彦命はいったいどこから吉備国へ向かったのか。

その出発地として考えられているのが、黒田廬戸宮《いほとのみや》である。黒田廬戸宮は孝霊天皇が築いた宮殿で、黒田駅の西に位置する法楽寺《ほうらくじ》の場所にあったと推測されている。吉備津彦命は孝霊天皇の皇子であることから、おそらく黒田廬戸宮で生まれ、生活を営んでいたと推測されるに至ったのだ。

実際、法楽寺に残る縁起にも、吉備津彦命が吉備国を平定したという話が伝わる。それによると、「崇神《すじん》天皇の時代、四道将軍のひとりに選ばれた吉備津彦命は温羅を退治せよとの命を受ける。そこで弟の稚武彦命《わかたけひこのみこと》とともに家臣の犬養部《いぬかいべ》、猿養部《さるかいべ》、鳥養部《とりかいべ》を連れて難波から吉備を目指した。やがて道中で佐多八という漁師がつくったキビ団子を食べて力をつけると、激しい戦いの末に温羅を討ち果たした。そして吉備津彦命は吉備の上道《かみつみち》（備《び》前《ぜん》）、稚武彦命は吉備の下道《しもつみち》（備中《びっちゅう》）の祖となった」。

こうした伝説をもととして、田原本町では桃太郎の生誕地であることを盛大にアピールし、『桃太郎』を積極的に町おこしに使っている。田原本町が誇るゆるキャラ「ももたん」は、もちろん桃太郎をイメージしたキャラクターである。二〇〇一（平成一三）年には、それまで岡山県岡山市や香川県高松市、愛知県犬山市などが主催してきた「桃太郎サミット」が奈良県橿原《かしはら》市橿原文化会館で開催された。

田原本町が桃太郎の生誕地であるという知名度はまだまだ低いといわざるを得ないが、いつしか「桃太郎といえば田原本町」といわれる時代が訪れるかも……。

大阪線

えっ？無料の高速道路がある!?

三重県四日市《よっかいち》市を起点として大阪市へ至る延長約一九四キロメートルの国道二五号のうち、三重県亀山《かめやま》市と奈良県天理《てんり》市を結ぶ約七三キロメートルの区間は「名阪《めいはん》国道」と呼ばれる自動車専用道路となっている。

東西でそれぞれ東名阪自動車道、西名阪自動車道と接続しており、名阪国道も一見、高速道路のような体裁だ。信号はなく、案内標識の裏地はすべて緑色。中央分離帯も設けられている。しかも出入り口は、すべてインターチェンジ。もちろん、高速道路ではないため料金所は設置されていない。高速道路に準じる「準高速道路」ではあるが、完全に無料で利用できるのだ。

それにしてもなぜ、このような高速道路然とした国道がつくられたのだろうか。

名阪国道の誕生は、高度経済成長期にまでさかのぼる。かつての国道二五号は、大阪市と奈良市を結ぶ約二〇キロメートルの短い国道だった。だが時代は自家用車が普及したモータリゼーション全盛期。それまでの国道二五号では、急増する交通量に対応しきれなくなったため、一九六二（昭和三七）年、名古屋方面への延長が決定された。

奈良県北部を東西に横断して、大阪と名古屋を最短距離で結ぶルートは、以前から必要性が高いと認識されていた。そこで時の建設大臣・河野一郎は一九六三（昭和三八）年四月、地元記者団の前で、名阪国道を「一〇〇〇日で開通させる」と大胆な公約を行なった。この短期間の工期に対して、当時は関係市町村ですら懐疑的であった。しかもこの時点で、用地の取得はまだ途中だった。それでも名阪国道は、突貫工事を経て一九六五（昭和四〇）年一二月に開通を迎える。公約を違えることなく完成したことから「千日道路」と呼ばれた。

有料化の動きに地元が大反発

この工事の途中、名阪国道を有料道路とする動きがあった。

当初は、無料の自動車専用道路を開通させるだけの計画だったが、途中から名阪国道の東西両端に有料道路が連結される計画が追加された。現在接続されている東名阪自動車道と西名阪自動車道である。つまり、名古屋から亀山までは有料、亀山から天理までは名阪国道を使うため無料、天理から大阪の松原までは有料という不自然な料金体系の道路が生まれることになってしまったのだ。

そこで河野大臣は、「名阪国道を全線有料道路とする」と発表したのだが、これが地元の大反発を招くこととなった。

一〇〇〇日以内で開通させるための突貫工事は、無料道路をつくるためなら土地を手放すという地元の好意の上で成り立っていた。それが、突然有料化されるとあっては、約束を反故にされた関係自治体や地主も黙っていない。ついには用地買収交渉を凍結させる自治体までもが現われ、工事続行が危ぶまれる事態に陥った。結局すぐに有料化は撤回され、名阪国道は無料自動車専用道路として開通したのである。

こうして名阪国道は高速道路に準じる道を無料で走れる道となったわけだが、じつはそのために問題も起きている。制限速度は一般道と同じ六〇キロメートルであるが、両端が高速道路と直結している上に、目に入る設備がすべて高速道路と変わりないため、速度超過をする自動車が多いのだ。とくに「Ω（オメガ）カーブ」と呼ばれる、福住《ふくすみ》〜天理東インターチェンジ間の長い連続急カーブは交通事故多発地帯となっている。

実際、名阪国道の一〇キロメートルあたりの死亡事故発生件数は、全国の自動車専用道路でワースト一位（二〇一二年、警察庁交通局調べ）である。事故を減らすため、一部区間の制限速度を七〇キロメートルに上げたり、路肩を拡幅するといった改善策が図られているが、名阪国道を通行する際は、くれぐれも事故には気をつけたいところだ。

佐屋街道が整備されたのは将軍の船酔い対策のため!?

名古屋線 E13
桑名 くわな
← Kuwana

一六〇〇（慶長五）年の関ヶ原の戦いで勝利を収め、政治の実権を手中に収めた徳川家康は、全国の諸大名に対する支配体制を強化し、政情を安定させるため、江戸と各地を結ぶ交通網の整備に乗り出す。こうして整備されたのが、東海道、中山道、甲州道中、奥州道中、日光道中の五街道である。

そのうち、江戸から京都に至る東海道には、海上を通るルートがひとつだけ存在していた。それが、宮《みや》宿と桑名宿を結ぶ「七里《しちり》の渡し」である。尾張熱田《おわりあつた》の宮の渡しから桑名まで、船で伊勢湾を渡るルートだ。その距離が満潮時で七里（約二八キロメートル）であったことから、七里の渡しと称された。桑名駅から徒歩二〇分ほどのところに立つ「伊勢国一の鳥居」辺りに、かつて七里の渡しがあった。現在は「七里の渡し跡」として整備されており、三重県の指定文化財（史跡）となっている。

もともと宮宿～桑名宿間は海上ルートしか存在しなかったが、一六三四（寛永一一）年には宮宿から桑名宿までを結ぶ佐屋《さや》街道が拓かれた。宮宿から佐屋宿までは陸路六里、佐屋宿から桑名宿までは川船で三里という道だった。佐屋街道は東海道の脇道だったが、幕府道中奉行の直轄であり、五街道に準じる扱いを受けていたことから、西国大名の参勤交代にも多く利用された。幕府から各宿場への通達のほとんどに「東海道、佐屋路共」と附記されていることから、主要な街道だったことがわかる。

それにしても、なぜ海上ルートが存在するにもかかわらず、新たに陸路が拓かれたのだろうか。この佐屋街道が整備された背景を紐解くと、ある人物の存在が浮かび上がる。江戸幕府三代将軍・徳川家光だ。

船酔い将軍のために整備されたルート

佐屋街道の原型は、江戸時代初頭からあった。一六一五（元和元）年、大坂夏の陣にあたり、江戸から大坂へ向かった家康は、その途上、名古屋から佐屋に至ると、ここから船に乗り桑名に向かっている。またこのルートは、尾張藩の鷹狩り場への通り道でもあった。

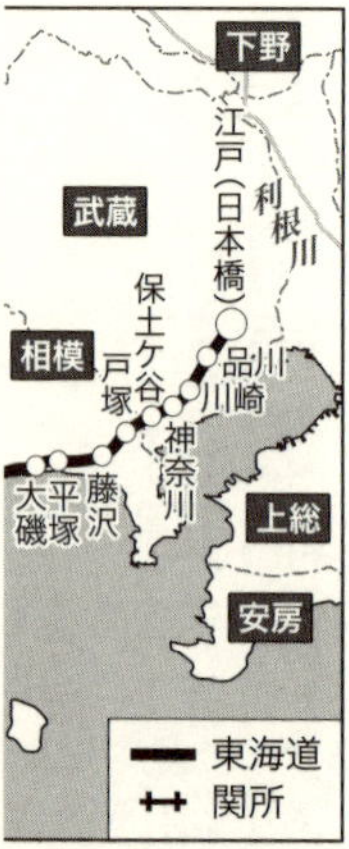

尾張藩の初代藩主となった家康の九男・義直は、鷹狩りを好み、たびたびこの道を通ったという。そのため、道中には義直の休憩用の御茶屋が一六一七（元和三）年に建

東海道ルート

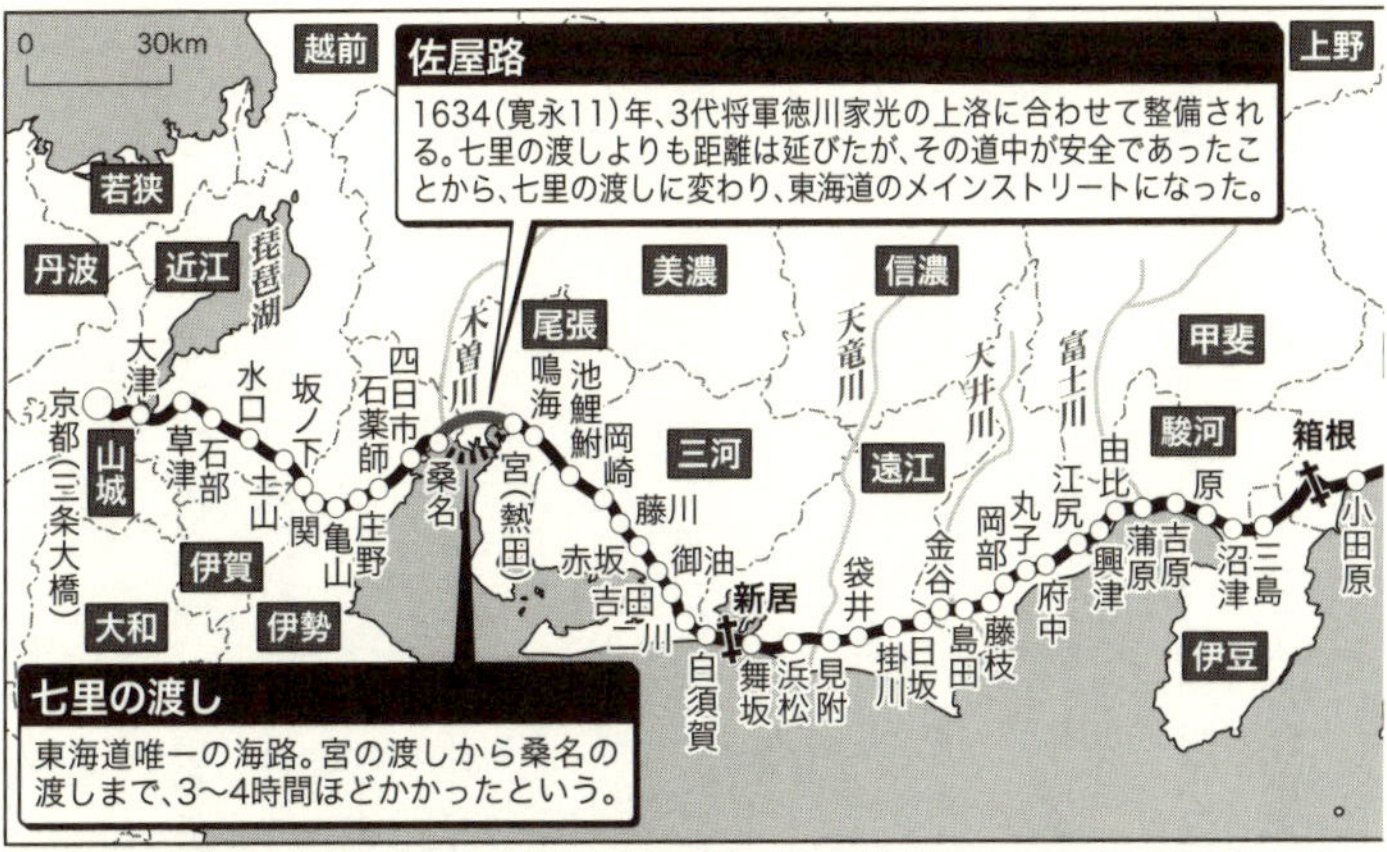

もともと東海道の宮宿〜桑名宿間は海上航路でしか結ばれていなかった。しかし、航路は危険であり、また時化《しけ》で通行ができなくなることがあったため、海上航路の代わりとなるバイパスとして佐屋路が拓かれた。

てられている。

もっとも、この頃の佐屋街道は、尾張の西に通じるただの田舎道だったと考えられる。これが街道として整備されたのは、家光の上洛がきっかけだった。

家光は、一六二三（元和九）年、一六二六（寛永三）年、一六三四（寛永一一）年の計三度にわたって上洛している。一度目は往路に七里の渡し、復路に美濃《みの》路を使った。二度目の往路も七里の渡しだったが、復路は桑名からの佐屋廻りだった。そして三度目は、往路は美濃路、復路は佐屋廻りであった。この佐屋廻りというのが、佐屋路を通ったことを意味している。

二度目の上洛の帰路以降、七里の渡しが使われなかったことがわかるが、これにはある理由が存在している。じつは、家光は舟に弱かったのである。

一六二六年、家光は上洛のために七里の渡しを利用するが、船酔いで大変苦しんだ。甥が苦しむ様子を見た義直は、彼が七里の渡しを通らなくてすむよう、東海道の迂回路として佐屋街道を整備したのである。

そして義直は、家光の三度目の上洛に際して、佐屋に御殿を整備し、万場《まんば》や佐屋を伝馬所に指定するなど、様々な準備をした。また帰路の際には、家光が木曽川で船に乗らなくてもいいように、佐屋川に二八四間（五一一メートル）もの船橋を架けた。

このとき以降、佐屋街道が本格的に整備され、その後は、将軍が通ったという吉例から、佐屋街道を通る人々は増加した。また一八六三（文久三）年の一四代将軍徳川家茂《いえもち》上洛の際にも佐屋街道が用いられている。

だが明治時代になると、佐屋街道は徐々に寂れていく。三里とはいえ川船を利用しなければならず、道幅が狭いうえに湾曲した道が続いて不便なことから、南側に新しく拓かれた前ケ須街道（一八七二年竣工）など、ほかのルートへ地位を譲ることになった。やがては、岩塚《いわつか》、万場、神守《かもり》、佐屋の四つの宿場からも賑わいが失われてしまった。その後、佐屋街道は県道巡見《じゅんけん》街道、県道津島街道の一部に編入される。そして現在は田畑の多い住宅街を走る道として、地域住民が利用する道路となっている。

久御山町の飛び地「三郷山財産区」、実際の所有者は町ではない!?

京都線

久御山町《くみやま》は、京都市の中心部から南へ約一五キロメートル、木津川《きづ》の沖積平野に位置する自治体だ。京都市のほか、城陽市《じょうよう》、宇治市、八幡市、に隣接する。総面積は一三・八六平方キロメートルで、京都府下二六市町村中、三番目に小さい。

この久御山町から、京都線を跨いだ東側の山中に「三郷山財産区《さんごうやま》」という場所がある。城陽市、宇治市、宇治田原町に囲まれ、久御山町域から五キロメートルほど離れた位置にもかかわらず、所在地の住所は久御山町である。なぜこのような飛び地が生まれたのか。

三郷山財産区誕生の鍵を握るのは、久御山町佐山に鎮座する雙栗《さぐり》神社だ。雙栗神社は、平安時代に編纂された『延喜式神名帳《えんぎしきしんめいちょう》』に記載された由緒のある式内社である。

この雙栗神社と三郷山の関係は、神社の創建時からはじまる。同社は、三郷山の東方、宇治田原町岩山上田にある雙栗天神社より佐山の地へ勧請分祀《かんじょうぶんし》されて建てられた。一一五二（仁平二）年には如一《にょいち》上人が御輿をつくり、雙栗神社から御旅所と呼ばれた三郷山への神幸がはじまったといわれている。このような関係から、いつしか三郷山は雙栗神社の宮地と定められ、神社用の材木を採取する山となった。

神社の宮地から財産区へ

雙栗神社の宮地である三郷山を管理していたのは、佐山・佐古・林の三村の住民たちだった。彼らは雙栗神社の氏子だったことからこの役目に就き、三郷山の雑草の除去や森林の管理を行なった。

しかし、明治時代に入り地租改正が行なわれると、三郷山は政府に接収されそうになる。当時、農民が共同で利用していた山林や原野で、所有権が立証できないものは、すべて政府の官有地とされていたためだ。そこで三村は、三郷山を政府用地ではなく三村の民有地として認可してほしいと政府に訴えた。概ね三村の費用だけで三郷山が維持されてきたという歴史的経緯があったことから、三郷山は三村が所有する管理地として認められた。

明治以降も、三村により管理が続けられる。一八八九（明治二二）年に町村制が実施されると、林村、佐古村など一帯の村々が佐山村へ編入され、三郷山の住所は佐山村となった。その後、一九五四（昭和二九）年に佐山村と御牧《みまき》村が合併して久御山町が成立。こうして三郷山は、久御山町に所在することになった。

ただし、実際に三郷山を所有しているのは、久御山町ではなく佐山・佐古・林の人々だ。

久御山町の飛び地「三郷山財産区」

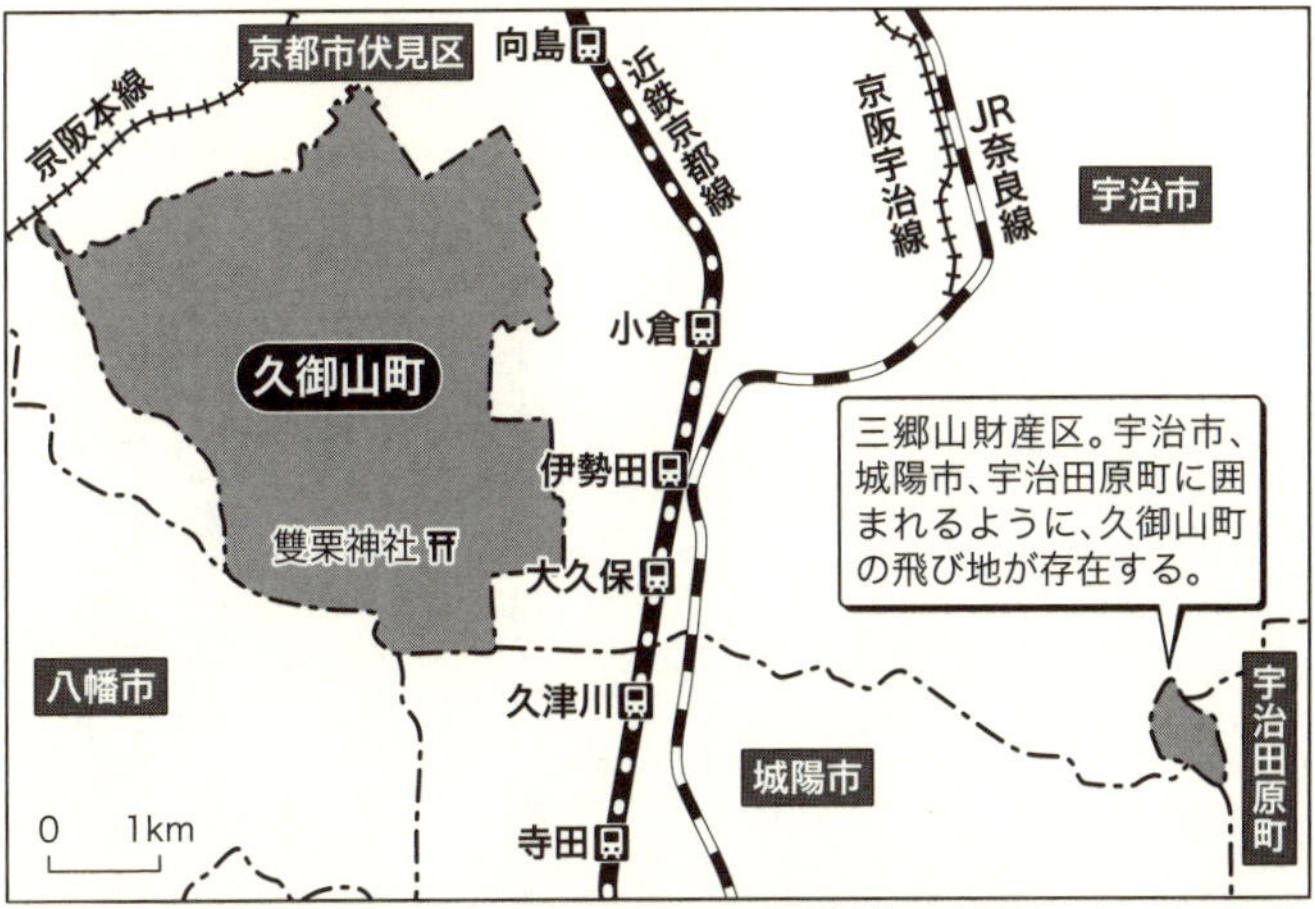

もともと三郷山財産区は、久御山町に鎮座する雙栗神社の宮地だった。そのため、久御山町からは遠く離れているにもかかわらず、現在も所在地は久御山町である。

じつは佐山村と御牧村が合併したとき、合併の条件として佐山村が提示したのが三郷山の所管だった。合併後も、三郷山を三地区だけで管理するという従来の慣習を認めてほしいというものである。結果、合併を円滑に進めるため、三郷山を市町村に帰属させない「財産区」として特別に認定した。そして現在は佐山・佐古・林の代表委員から構成される三郷山財産区管理会が所有・管理を行なっている。

現在、三郷山の大半は保有林となっているが、一部は京都府の「府民スポーツ広場（みどりが丘）」として整備されている。三面の多目的グラウンドと自由広場で、サッカーや野球の試合が行なわれるなど、市民の憩いの場となっている。

南大阪線 F07
河内天美
かわちあまみ
← Kawachi-Amami

松原市に延びる大阪市の境界の謎、答えの鍵を握るのは神社！

南大阪線の河内天美《かわちあまみ》駅から北西へ一キロメートルほど行ったところに阿麻美許曽《あまみこそ》神社は鎮座する。

阿麻美許曽神社は、大同年間（八〇六〜八〇九）に創建されたと伝わる古社だ。「阿麻美許曽」の名は、河内天美駅周辺の「天美」という地名の由来となっている。

ここで地図を見てほしい。大和川を挟んで北岸の矢田《やた》地区は大阪市、南岸の天美地区は松原市となっている。しかし、大和川南岸であるにもかかわらず、阿麻美許曽神社周辺だけが大阪市となっているのだ。さらに神社の正面から、南の松原市のなかに五〇〇メートルほど、大阪市の市域が細長く延びている。

この不自然な市境はどうして生まれたのか。その理由は、一帯が形成された歴史にある。

かつて阿麻美許曽神社の北辺には、大和川が流れていなかった。神社は矢田地区の鎮守であり、周辺一帯は氏地だった。ところが、一七〇四（宝永元）年に大和川のつけ替え工事が行なわれ、大和川が現在の流路になると、神社と矢田が川によって分断されてしまう。

やがて、大和川が大阪市と松原市の市境とされたが、阿麻美許曽神社は矢田の鎮守であったことからそのまま大阪市へ帰属し、松原市域に囲まれる形となったのである。

それでは、神社の正面から南へ細長く突き出た大阪市域には、どのような由来があるのか。じつはこの道は、古来、阿麻美許曽神社の参道だった。さすがに参道と神社を切り離すのは、あまりにも配慮に欠けるということだろう。

松原市域内に細長く入り込む大阪市東住吉区

大和川のつけ替えにより、大阪市と松原市の境界が定められたが、阿麻美許曽神社は大阪市矢田の鎮守社だったため、参道ごと大阪市に組み込まれた。

その旧参道である細長い大阪市域は、西半分が府道二六号のルートと重なっている。

これは、道路の東側が本来の参道跡で、西側があとから拡張した部分であることを示している。もともとは畑であり、参道ではなかったことから松原市の所管とされたのだ。

市境によって生じた奇妙な状況

こうして奇妙な市境が生まれた結果、周辺の住民にもいろいろと不都合な状況が生じている。たとえば、府道二六号の東側、大阪市域に建つ家のなかに市境が走り、玄関は大阪市だがリビングは松原市となっている家もある。このような場合は住民が任意に住所を選ぶことになっているが、たいていは専有面積が大きい自治体を選ぶという。なかには、同居した家族のうち、親夫婦は大阪市民で息子夫婦は松原市民、といった世帯もあったといわれている。

現在は、このような家も減少してきた。二〇一〇（平成二二）年の国勢調査によると、府道の東側で大阪市として登録している家は七軒。しかも、このうち人が住んでいるのは二〜三軒だけで、残りは無人の倉庫だった。

市外局番や災害時の避難方法が異なるなど不便な状況には置かれるものの、住民からはとくに改善を求める声は上がっていないとのことだ。

第四章

「地理」を紐解けば見えてくるあの「謎」の答え

日本一の湖・琵琶湖、もともとは三重県にあったって本当!?

大阪線 D 52

伊賀神戸
いがかんべ
Iga-Kambe

滋賀県にある琵琶湖《びわこ》は、日本一大きな湖としてよく知られる。その面積は六七〇・三平方キロメートル（貯水量は約二八平方キロリットルで、これも日本最大）。周囲の長さは二四一キロメートルにも及ぶ。滋賀県の面積の約六分の一を占めるというから、いかに巨大な湖かがわかる。

琵琶湖という名前がつけられたのは、江戸時代のことだと伝わる。湖の形が果物のビワに似ていることがその由来だ。

古来、琵琶湖は交通路として利用されてきた。湖上交通による荷物の輸送に加え、江戸時代になると湖周辺には近江と若狭湾を結ぶ若狭街道や西近江路、京から北陸道へと至る北国街道などが整備され、交通の要衝として京都や大阪の発展を支えた。

まさに滋賀県のシンボルともいえる琵琶湖だが、その発祥が滋賀県ではないと聞けば誰しもが驚くのではないだろうか。

それでは、琵琶湖はいったいどこで誕生したのか。じつは発祥地は、三重県伊賀《いが》市なのである。

徐々に北上する琵琶湖

琵琶湖が日本に誕生したのは、いまから四百数十万年前のことだと見られている。日本史上もっとも歴史の古い湖であり、世界最古といわれるバイカル湖、タンガニーカ湖に次ぐ古さだ。この頃、地殻変動によって現在の伊賀市付近に大きな陥没穴が生まれた。そこに長い時間をかけて雨水が溜まり、小

歌川広重が描いた『琵琶湖風景』。江戸時代、琵琶湖では舟による荷物の輸送が盛んに行なわれていた。

琵琶湖の移動

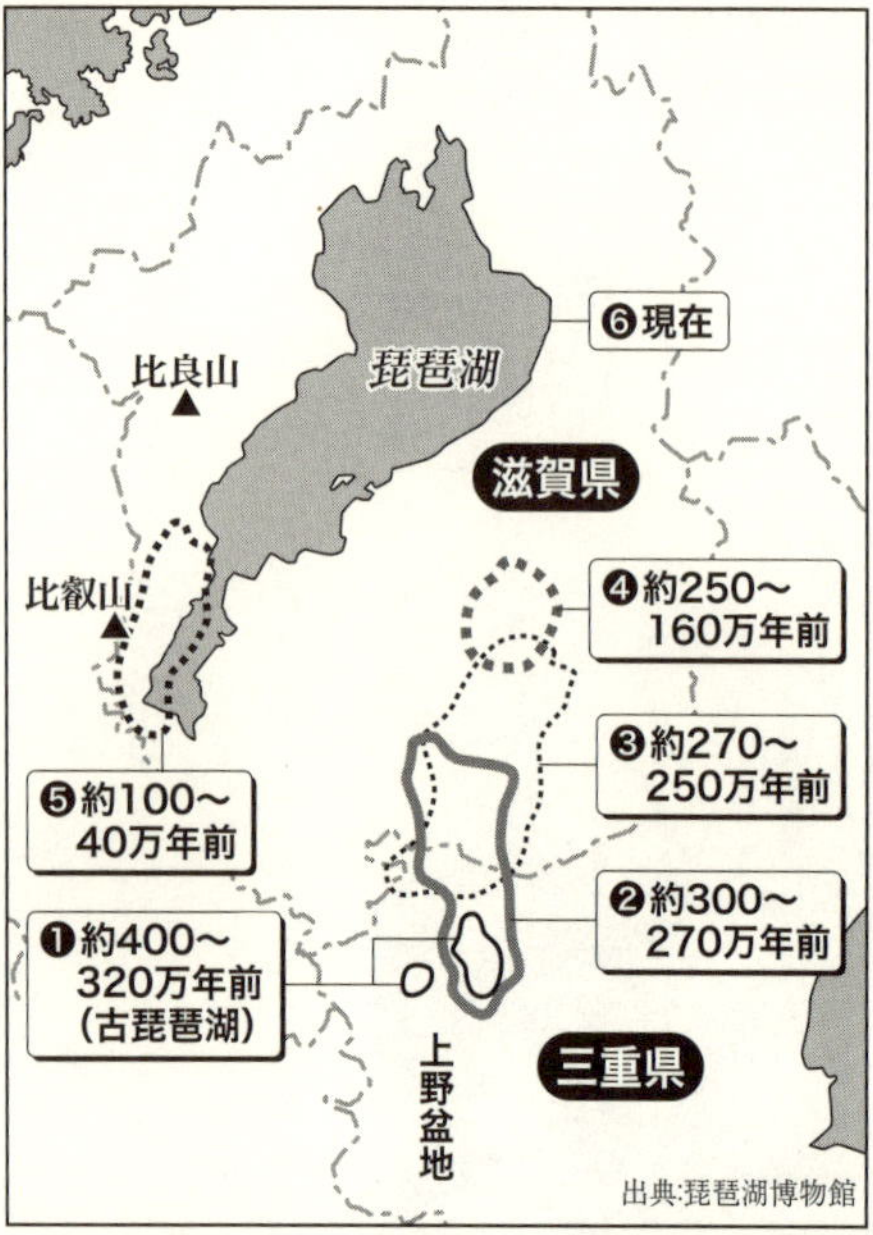

当初、琵琶湖は現在の三重県の地に誕生。その後、地殻変動の連続で徐々に北上していき、現在地へ移動した。

さな湖が形成された。これが琵琶湖の起源であり、「古琵琶湖」と呼ばれる。その大きさは、数キロメートル四方。現在の琵琶湖の一〇分の一ほどだった。

その後、地殻変動の影響を受けて、湖の北部の地殻が沈下し、南部の地殻が隆起。これによって自然と水は地盤の低い北側へ流れ込んだため、徐々に湖は北へ移動していった。

それから長い時間をかけて隆起と沈下を繰り返しながら北上を続け、約三〇〇万年前には阿山湖と合体。これにより、湖は現在の琵琶湖の半分ほどの大きさへと成長を遂げた。

さらに約二七〇万年前～約二五〇万年前には甲賀湖を、約二五〇万年前から約一六〇万年前には蒲生湖を取り込み、徐々に拡大していった。

そして約四〇万年前、隆

日本最大の湖・琵琶湖。現在もわずかに北上し続けている。

起と沈降を繰り返しながら北へ移動した琵琶湖は滋賀県に到達する。比良山《ひらさん》や比叡山《ひえいざん》が隆起したことに伴い、現在の琵琶湖がある地域が沈下。ついに琵琶湖が誕生したのである。

こうして琵琶湖は安住の地を得た……というわけではない。じつは、琵琶湖はいまもって北上中だ。一年に約一～二センチメートルというほんのわずかな距離であるが、確実に北へ移動していることは間違いがないという。

このペースで行くと、約一〇〇万年後には日本海へ抜け、消滅してしまうと見られている。あまりにも気の遠くなるような話であるため、なかなか実感が湧かないというのが正直なところだろう。

率川はいったいどこを流れているの⁉

奈良線 A 28

近鉄奈良
きんてつなら
← Kintetsu-Nara

近鉄奈良駅を下車し、南へ七分ほど歩いたところに率川《いさがわ》神社は鎮座する。境内には三棟の本殿があり、正面に向かって右に母神・玉櫛姫命《たまぐしひめのみこと》、左に父神・狭井大神《さいのおおかみ》、中央に子神・媛蹈鞴五十鈴姫命《ひめたたらいすずひめのみこと》を祀る。親神が両脇から子神を守るような形であることから、子守明神とも呼ばれる。神社周辺に位置する本子守町、奥子守町という町名は、これに由来するものだ。

率川神社の名前は、奈良市内を流れる率川に由来する。春日大社の南東にある紀伊神社付近を水源とする全長約五キロメートルの川だ。

現代の河川管理上の正式名称では菩提《ぼだい》川とされており、率川神社付近では子守川とも呼ばれている。『古事記』『日本書紀』にも登場する古くから知られた川で、その音の清らかさは『万葉集』にも詠われている。

このように奈良の観光地周辺を貫流している率川だが、付近を探しても、じつは見つけることは難しい。川の流れを見ることができるのは、尾花谷川の一部と、猿沢池の周辺、

奈良市内を流れる率川

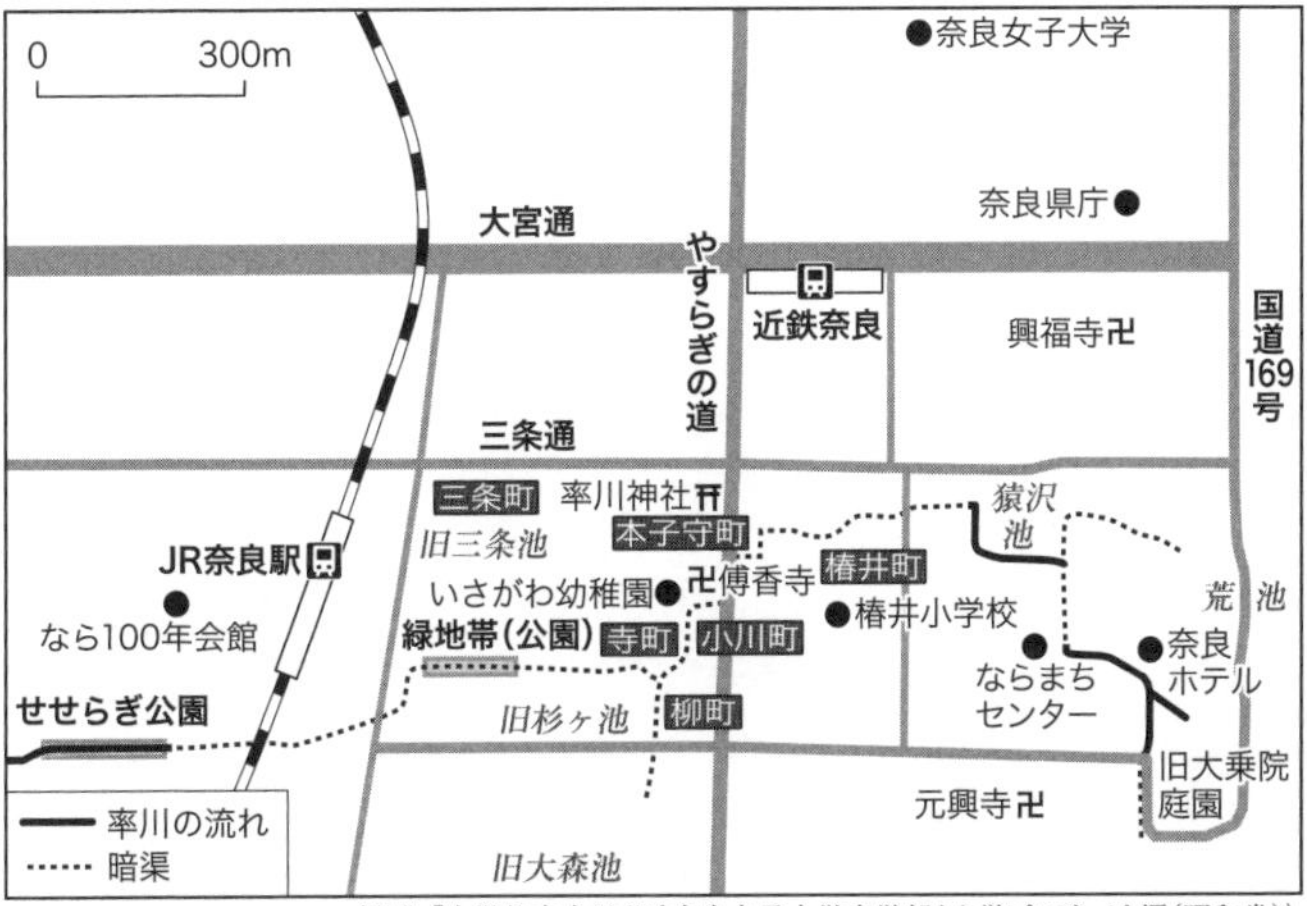

〈出典:『大学的奈良ガイド』奈良女子大学文学部なら学プロジェクト編（昭和堂）〉

古来、率川は地域に欠かせない農業用水として利用されたが、一帯の開発に伴って農地が減少すると、徐々にその役割を終え、ついにはほとんどの部分が暗渠化された。

率川の中洲。現在は奈良市内でもわずかな場所でしか率川の流れを見ることはできない。

そしてJR奈良駅の西側だけだ。

そのほか率川のほとんどの部分は、暗渠《あんきょ》（上部に蓋をされ隠された水路）になっているのである。

『万葉集』にも詠われたほどの歴史ある川が、いったいなぜこのような状態になってしまったのか。

隠された率川

率川は、奈良に住む人々の生活に古くから密着した川だった。降水量が少ない奈良盆地では、農業用水として率川はなくてはならない存在であった。率川の水は、荒池、三条池、大森池、杉ヶ池の四つの溜め池に引き込まれ、さらに町の縦横に張り巡らされた用水路を流れていた。

しかし昭和三〇年代半ば、高度経済成長期が訪れると、率川はその役割を終える。奈良市内の土地の開発整備が急激に進展し、周辺が宅地化された結果、農地が減少。率川が農業用水として利用されることは少なくなった。

それに加え、開発用地を増やすべく、道路の整備や拡張のために率川の暗渠化が検討された。

このような都市河川の暗渠化は、高度経済成長期に行なわれた市街地開発のセオリーであった。

また、大量消費社会を迎えていた当時、環境悪化やゴミの増大が社会問題化していた。率川は家庭内排水が流入する下水路かつ、ゴミの不法投棄場となってしまい、水質汚濁や悪臭が問題とされる汚い川になり果てた。暗渠化は、これらを解決する手段ともされ、近隣の住民にも歓迎されたのだった。

こうして、かつては人々の生活に密着していた率川は、環境の変化とともに住民から隔離される存在となっていったのである。

暗渠となった率川だが、町の各所に痕跡を見ることができる。暗渠の部分は、近鉄奈良駅の西にある「やすらぎの道」などの道路や歩行者用の通路に転用されているほか、児童公園として利用されている。

また、流路沿いには、橋の要所に立っていた太い親柱や欄干が点在しており、かつての率川の姿が想起される。奈良で文化財巡りをする際、率川の痕跡をたどるのも、また一興である。

正岡子規が食べた柿が、御所市にあった！

御所線　P 26

近鉄御所
きんてつごせ
← Kintetsu-Gose

「柿食えば　鐘が鳴るなり　法隆寺《ほうりゅうじ》」

この俳句は、明治時代の俳人・正岡子規《まさおかしき》が、奈良の秋の風情を詠んだ名句として、広く知られている。この句に詠まれている柿がどのような柿だったのか、気になる人もいるだろう。

子規が奈良を訪れたのは、一八九五（明治二八）年の秋のことだった。このとき子規は、東大寺近くの旅館・對山樓《たいざんろう》に宿泊した。

夕刻、子規が柿を食べていたところ、東大寺の鐘がボーンと鳴った。後日、そのときの情景を法隆寺に変えて詠んだ句が、冒頭で紹介したものだといわれる。

それでは、子規が食べていたのはどのような柿だったのか。それは、「御所柿《ごしょがき》」という。その名の通り、御所市《ごせし》で生まれた柿だ。

御所柿は、すべての甘柿の先祖とされている。

そもそも柿は、奈良時代から日本人に親しまれてきた果物である。だが、当時の柿は渋柿がほとんど。干し柿にしたり、柿の渋を抜いて食べるのが当たり前だった。甘柿はあるにはあったが、果肉に褐斑《かっぱん》（通称・ゴマ）ができたときにだけ甘くなる不完全なものだった。

それが室町時代後期頃になると、突然変異で完全なる甘柿が誕生した。この甘柿が生まれたのが、御所の地だったのである。

江戸時代になると、俳諧指南書『毛吹草《けふきぐさ》』（一六三八年）や、庶民の日常の食べ物について解説した『本朝食鑑《ほんちょうしょっかん》』（一六九五年）、百科事典『和漢三才図会《わかんさんさいずえ》』（一七一二年）など、多くの書物で御所柿が「柿の極上品」として紹介されている。「天然の羊羹《ようかん》」「絹の食感」と謳《うた》われるほどの味わいに、江戸時代の人々が舌鼓を打っていた様子をうかがうことができよう。

江戸時代中期になると、御所柿を起源とする新品種が各地で栽培されるようになる。たとえば、現在の甘柿の代表格である富有《ふゆう》柿は、一八五七（安政四）年、岐阜の居倉《いくら》でできた御所柿がもととなっている。一八九八（明治三一）年に「富有」という名前がつけられた。

また、鳥取県で栽培されている花御所《はなごしょ》柿も、天明年間（一七八一～一七八九）に御所柿の枝から接木《つぎき》されたものが起源であると伝わる。

すべての甘柿の祖が、なぜ「幻の柿」となってしまったのか

しかし現在、御所柿は「幻の柿」と呼ばれ、その姿を見ることが難しくなってしまった。その理由は、栽培の困難さにある。御所柿は病害虫に弱く、成熟させることが難しい。また、せっかく育ったとしても、甘く熟す前に実が木から落ちることが非常に多いのだ。

さらに、そこまで手間暇かけて育てても収穫量は少なく、見た目や大きさといった点からもほかの甘柿に見劣りすることから、徐々に御所柿の栽培が敬遠されるようになった。

こうして一時は、御所市内でも御所柿の木が残る家は数軒に留まるまでに激減した。

しかしこの歴史ある御所柿の栽培を復活させ、再び特産品とすべく、二〇〇六（平成一八）年、御所市の柿栽培農家や市民の有志が御所柿復活プロジェクトをスタートさせた。接木によって生産規模を拡大するとともに、着果率を高めるための研究を重ねた結果、二〇〇九（平成二一）年、御所柿は再び市場に出回るまでになった。そして二〇一二（平成二四）年には、約七〇〇キログラムの御所柿の出荷を実現するまでに至った。

今後も継続して御所柿の生産拡大に取り組むとともに、デパートやスーパーでの試食販売、テレビなどを通じたPRなどで御所柿の認知度を上げていくという。子規が食べた「幻の柿」が全国の食卓に乗る日もそう遠くはないかもしれない。

後醍醐天皇が再興の地として吉野を選んだのはなぜなのか

吉野線　F57
吉野
よしの
Yoshino

吉野駅は、南大阪線・吉野線・長野線・御所線・道明寺《どうみょうじ》線の五路線で構成される南大阪線系統の東の拠点である。開業は一九二八（昭和三）年。近鉄の前身会社のひとつである吉野鉄道が、吉野の表玄関として設置した。

吉野は、すでに平安時代から桜の名所として知られる風光明媚な地だった。また、金峯《きんぷ》山寺《せんじ》や吉水《よしみず》神社など多くの寺社・仏閣が鎮座する場所であったことから、吉野駅は開業当初から参拝客や観光客で大いに賑わいを見せた。現在も世界遺産「紀伊山地の霊場と参詣道」観光への最寄り駅のひとつであり、その重要度は変わらない。

吉野では、古来、数々の歴史ドラマが繰り広げられてきた。なかでも南北朝時代、南朝の皇居が五〇余年にわたって置かれ、室町幕府に抵抗する南朝方の全国的拠点となったことはよく知られるところだ。

その主役を担うのは、第九六代後醍醐《ごだいご》天皇である。時は鎌倉時代の一三三一（元弘元）年のこと。政治の実権を武士から取り返し、天皇親政を志した後醍醐天皇は、山城国笠置《かさぎ》寺で挙兵。打倒鎌倉幕府の狼煙をあげた。するとそれまで幕府に従っていた足利尊氏《あしかがたかうじ》や新田義貞《にったよしさだ》などの御家人、楠木正成《くすのきまさしげ》ら新興武士集団がこれに呼応。一三三三（元弘三）年、見事鎌倉幕府を滅ぼし、建武の新政を開始した。

しかし、それまでの武家社会の慣習を無視した政治のあり方に武士が反発。やがて倒幕に多大な貢献があった足利尊氏が後醍醐天皇に対して反乱を起こすと、一三三六（建武三）年、後醍醐天皇は都落ちを余儀なくされた。そして尊氏は京都で光明《こうみょう》天皇を擁立した（北朝）。

このとき、後醍醐天皇が身を寄せた先が吉野山だった。同年一二月、後醍醐天皇は金峯山寺の塔頭寺院のうち実城寺《じつじょうじ》を行宮《あんぐう》と定めると、付近の寺坊を近侍の邸宅や兵の駐屯所とし、南朝を開いた。ここに、南北朝の動乱が幕を開ける。

後醍醐天皇が吉野を選んだ理由

それにしても、なぜ後醍醐天皇は再興の地として吉野を選んだのだろうか。

その理由のひとつとして、吉野が要塞であったことが挙げられる。険峻な地形は防御に適していたことに加え、東は山伝いに伊勢へ抜け、そこから海路東国へと通じていた。西は同じく山伝いに紀州へ抜け、海路西国へ通じ、南は熊野灘を控えていた。つまり、この地は全国各地の南朝方の諸将を統率するのに適した地だったのである。

また、楠木正成を中心とする河内国の土豪が吉野の西を固め、北畠《きたばたけ》氏を中心とする伊勢・宇多・東吉野の豪族が東を固めていた。京都の北朝と対峙するにあたり、吉野はこれ以上ない立地にあったといえる。

さらに後醍醐天皇が期待していたのが、宗教勢力の存在だった。古来、吉野は全国修験の本山として栄えた地であり、金峯山上、山下に点在する二〇〇余りの寺坊では多数の僧兵を抱えていた。それに加え、広大な寺領を寄進されていたことから、経済力も豊かであった。この宗教勢力の武力・経済力も、後醍醐天皇が吉野を選択した一因である。

こうして諸事万端を整えて北朝との一戦に臨んだ後醍醐天皇であったが、湊川《みなとがわ》の戦い、金ヶ崎《かねがさき》の戦いなど相次いで北朝方に敗北。劣勢を覆せないまま、一三三九（延元四）年、吉野で病没した。

その遺体は、吉野山の中腹にある如意輪寺の裏、塔尾陵に葬られた。「肉体はたとえ吉野山の苔の下に埋まるといえども、魂魄は常に京都の空を望んでいる」という遺勅により、陵墓は京都を睨むように北向きに築かれている。死ぬ直前まで、後醍醐天皇は京都を奪還することを夢見たが、結局、南朝が政権を回復することはなかった。一三九二（明徳三）年、室町幕府第三代足利義満《よしみつ》のもと、事実上南朝は北朝に吸収された。

奈良線　A 08
河内小阪
かわちこさか
←Kawachi-Kosaka

斜めに走っている道路が語る人と自然の戦いの歴史

奈良線の河内小阪《かわちこさか》駅は、大阪商業大学や大阪樟蔭《しょういん》女子大学などの最寄り駅であることから、学生の利用客が多い。また、駅から徒歩一二分ほどのところには、二〇一六（平成二八）年に没後二〇年を迎える歴史作家・司馬遼太郎《しばりょうたろう》の書斎や蔵書、資料などを収蔵した司馬遼太郎記念館があることから、一日平均乗降客数は二万七三五七人（二〇一二年、近鉄調べ）と、常に賑わいを見せる駅だ。

一九一四（大正三）年の開業当時は「小阪」駅だったが、一九四一（昭和一六）年、関西急行電鉄の駅となったときに、現在の駅名へと改称された。

この河内小阪駅周辺を歩くと、駅の北と南とで、だいぶ区画割が異なることに気がつくだろう。比較的整った街路が展開される北側に対して、南側の区画は道が斜めに走っているところが多いのだ。駅の南口を降りてすぐのところにある小阪本通商店街も、斜めの道筋に沿って店が建ち並んでいる。なぜこのような形になっているのか。じつはこの道は、旧大和《やまと》川（長瀬《ながせ》川）の流路に沿った自然堤防の跡なのである。

道路と川の意外な関係

旧大和川は、奈良県北部、貝ヶ平山《かいがひら》付近を水源とし、大阪平野を北流、淀《よど》川と合流していた。だが合流地点では河川の氾濫が頻発したことから、一七〇四（宝永元）年、洪水の防止と新田の開発を目的として旧大和川のつけ替え工事が行なわれ、現在の大阪市と堺市《さかい》の境を通って大阪湾に注ぐ流路へと生まれ変わった。こうして埋め立てられた流路は田畑となり、長瀬川はそれらの田畑に水を注ぐための農業用水として利用されることとなった。また、川の堤防沿いに人家が建ち並ぶようになった。

しかし戦後、寝屋《ねや》川流域の開発が進むなかで問題が発生する。大雨による河川の氾濫により、それらの地域がたびたび水害に見舞われるようになったのだ。

そこで、洪水による被害を食い止めるべく、長瀬川など大和川寄りの川の水を集めるための第二寝屋川が掘削されることとなった。一九五四（昭和二九）年に始まった第二寝屋川の掘削工事は、一九六九（昭和四四）年に終了。これに伴い、かつての長瀬川の流路は埋め立てられ、道路として転用された。

河内小阪駅南の斜めに走った道路には、人と自然との戦いの歴史が秘められているのである。

明治天皇が桃山を御陵地に選んだその理由

京都線　**B 08**

桃山御陵前
ももやまごりょうまえ
← Momoyamagoryomae

京都線の桃山御陵前駅は、奈良電気鉄道時代の一九二八（昭和三）年一一月三日、明治天皇陵へのアクセス駅として開業した。駅名の「御陵」は、天皇の陵墓という意味だ。明治天皇陵は、駅から東へ一・五キロメートルほどのところにある。周辺の地名にちなみ、正式名称は「伏見桃山陵《ふしみのももやまのみささぎ》」という。

かつてこの地には、豊臣秀吉が建築した伏見城が威容を誇っていた（伏見城の歴史については62ページ参照）。桃山城という呼び方もあるが、秀吉が築城したとき、この地には一本たりとて桃の木は植えられていなかったと伝わる。そのため、当時は桃山城とは呼ばれていなかった。

この地が桃の名所として知られるようになったのは、江戸時代のことだ。一六二三（元和九）年、三代将軍徳川家光の将軍宣下が行なわれたあと、伏見城は廃城となった。そしてその跡地が開墾され、桃の木が植えられるようになったのである。いつからか城跡は桃山と呼び習わされるようになり、武家屋敷跡地の地名は、現在、桃山町島津、桃山町三河

明治天皇陵。明治天皇以降、天皇陵は東京に築かれるようになった。

などとつけられている。安土・桃山時代の「桃山」もこれに由来するもので、この時代に使われていた名称ではない。

明治天皇が京都を陵墓地として選んだ理由

一八六八（明治元）年、時代は江戸から明治へ移り、政治の主体は徳川家から天皇へと移行する。それまで一〇〇〇年以上にわたって日本の都であり続けた京都から東京への遷都が行なわれ、天皇を中心とした新たな国家体制が樹立した。

それに伴い、天皇の陵墓も東京都内に築かれるようになった。大正天皇しかり、昭和天皇しかりである（武蔵《むさし》陵墓地。所在地は東京都八王子《はちおうじ》市長房《ながふさ》町）。

だが、明治天皇は東京に陵墓を定めなかった。なぜ明治天皇は桃山の地を陵墓として選んだのだろうか。

『明治天皇紀』によると、一九〇三（明治三六）年、明治天皇は大阪で行なわれる第五回内国勧業博覧会の開会式に出席するため、京都御所に立ち寄った。そこで明治天皇は、「桃山は見晴らしが非常にすばらしいため、陵を桃山に営むべし」と昭憲《しょうけん》皇后に伝えた。一九一二（明治四五）年七月三〇日、明治天皇は崩御するが、生前の遺詔に従い、陵所は桃山に定められた。東京で生まれた大正天皇、昭和天皇とは異なり、京都で生まれ育った明治天皇にとって、京都という地に対する思いは並々ならぬものがあったことだろう。

残念ながら、明治天皇が気に入った桃の木は、第二次世界大戦後の宅地開発の際に伐採されてしまった。

だが、二〇一二（平成二四）年から地元の有志が集まり、かつての桃山の風景を取り戻すべく、桃の木の植樹活動を行なっている。再び桃山に桃の花が咲き乱れる日が訪れるのも、そう遠いことではないかもしれない。

名古屋線 E 19

阿倉川
あくらがわ
Akuragawa

阿倉川なんて川はどこにも存在しない!?

三重県四日市市阿倉川《あくらがわ》地区は、耐熱性に優れた陶磁器・萬古焼《ばんこやき》（万古焼）の産地として知られる。阿倉川駅から西へ四〇〇メートルほど行ったところに鎮座する唯福寺の門前には、「四日市萬古発祥之地」と刻まれた石碑が残る。

阿倉川駅は、伊勢電気鉄道時代の一九二九（昭和四）年一月三〇日に開業した。駅名の由来は、当時の駅の所在地が三重郡海蔵《かいぞう》村大字東阿倉川だったことにちなむ。

この地名を聞いて、阿倉川という河川が近隣を流れているのだろうと思いきや、地図を見てもそのような名前の川を見ることはできない。それでは阿倉川という名称はどこからきているのか。じつは阿倉川駅の南を流れる「海蔵川」に起源があるのだという。

海蔵川は、鈴鹿山脈の麓に位置する三重県菰野《こもの》町千草《ちくさ》を水源とし、四日市市を東進して伊勢湾に注ぐ全長一九・四一キロメートルの二級河川だ。

いまは「かいぞうがわ」と読むが、かつては「海蔵」と書いて「あくら」と読んでいたと伝わる。

四日市市教育委員会によると、「あくら」とはもともと海人《あま》たちが利用していた蔵のことなのだという。

古代、海蔵川の下流域には海人たちが収穫した水産物を蓄えるための蔵が建ち並んでいた。その蔵を「海蔵《あくら》」と呼んだ。また、そこから「海蔵川《あくら》」と呼ばれるようになった。この「海」が、いつの時代か「阿」へと転じ、また、「蔵」も簡略化されて「倉」と表記されるようになった。そして阿倉川は地名として残され、川の名前は海蔵川《かいぞう》と呼ばれるようになったのだという。

ただし、いつ頃から「阿倉川」が地名として定着したのかまではわからないということだ。江戸時代初期には阿倉川村が存在していたことから、少なくともこの頃には成立していたことは間違いない。

その後、一八八九（明治二二）年四月一日、東阿倉川村、西阿倉川村、末永村、野田村が合併して海蔵村が成立。一九三〇（昭和五）年一月一日、海蔵村は四日市市に取り込まれることとなったが、阿倉川という地名は大字として存続し、いまに伝わるのである。

島がないのに「島之内」、これってどうして？

難波線　A 02
近鉄日本橋
きんてつにっぽんばし
← Kintetsu-Nippombashi

難波線は、大阪上本町《うえほんまち》駅と近鉄日本橋《にっぽんばし》駅、大阪難波駅のわずか三駅だけを結ぶ地下路線である。そのうち近鉄日本橋駅は、一九七〇（昭和四五）年に開業した駅だ。難波線と地下鉄堺筋線・千日前線との乗り換え駅であり、一日あたり平均四万五九二〇人（二〇一二年、近鉄調べ）の人が利用する。駅の南側には、「西の秋葉原」と呼ばれる電気店街「でんでんタウン」や、外国人観光客が多く訪れる大阪の台所「黒門市場」が広がる。駅の北側に行けば、道頓堀《どうとんぼり》の繁華街へ至る。

その繁華街のさらに北に、「島之内《しまのうち》」という地名の場所がある。ところが、「島」という文字がついているにもかかわらず、実際には陸続きだ。いったいなぜ島でもないのに、島之内という地名なのか。

じつは、この島之内は江戸時代においては、本当に「島」であった。当時の島之内は、東西南北を東横堀《よこぼり》川、西横堀川、道頓堀川、長堀《ながほり》川の四本の川で囲われており、まさに川のなかに浮かぶ島のような場所だったのである。

このような地形は自然にできたものではない。四本の川は、人為的に開削されたものだ。東横堀川は、一五八三（天正一一）年、大坂城築城のための資材の運搬路として開かれ、対する西横堀川は、一六〇〇（慶長五）年頃に市街地の排水用に開削された。さらに江戸時代、大坂城下が発展していくに伴い、物流の水運路として一六一二（慶長一七）年に長堀川が、一六一五（元和元）年に道頓堀川が開かれた。こうしてできた区画は、四本の川に囲まれる島のような形をしたことから、「島之内」と名づけられた。

現在のミナミの賑わいへと発展した島之内

島之内は、誕生した頃は空き地が目立つさびしい場所だった。この島之内を開発したのが、摂津大坂藩初代藩主・松平忠明《まつだいらただあき》である。忠明は島之内に、遊所や芝居小屋を誘致した。川で四方を囲まれた島之内は、人々が住む町から遊里を隔離するために恰好の場所だったためだ。そうして、島之内は多くの人々で賑わう歓楽街へと発展を遂げた。

とくに、中橋筋の南塗師屋《みなみぬしや》町、太左衛門《たざえもん》筋の御前《おまえ》町、畳屋町筋の布袋《ほてい》町が三筋と呼ばれ、湯女を置いた風呂屋が林立する有名な花街であった。一七〇三（元禄一六）年頃になると、この三つの花街のほか、道頓堀宗右衛門《そうえもん》町、同久左衛門《きゅうざえもん》町、玉屋町、畳屋町、南笠屋町、菊屋町の九つの町に、遊女相手に酒を飲む遊び茶屋の営業が許された。

川に囲まれた島之内

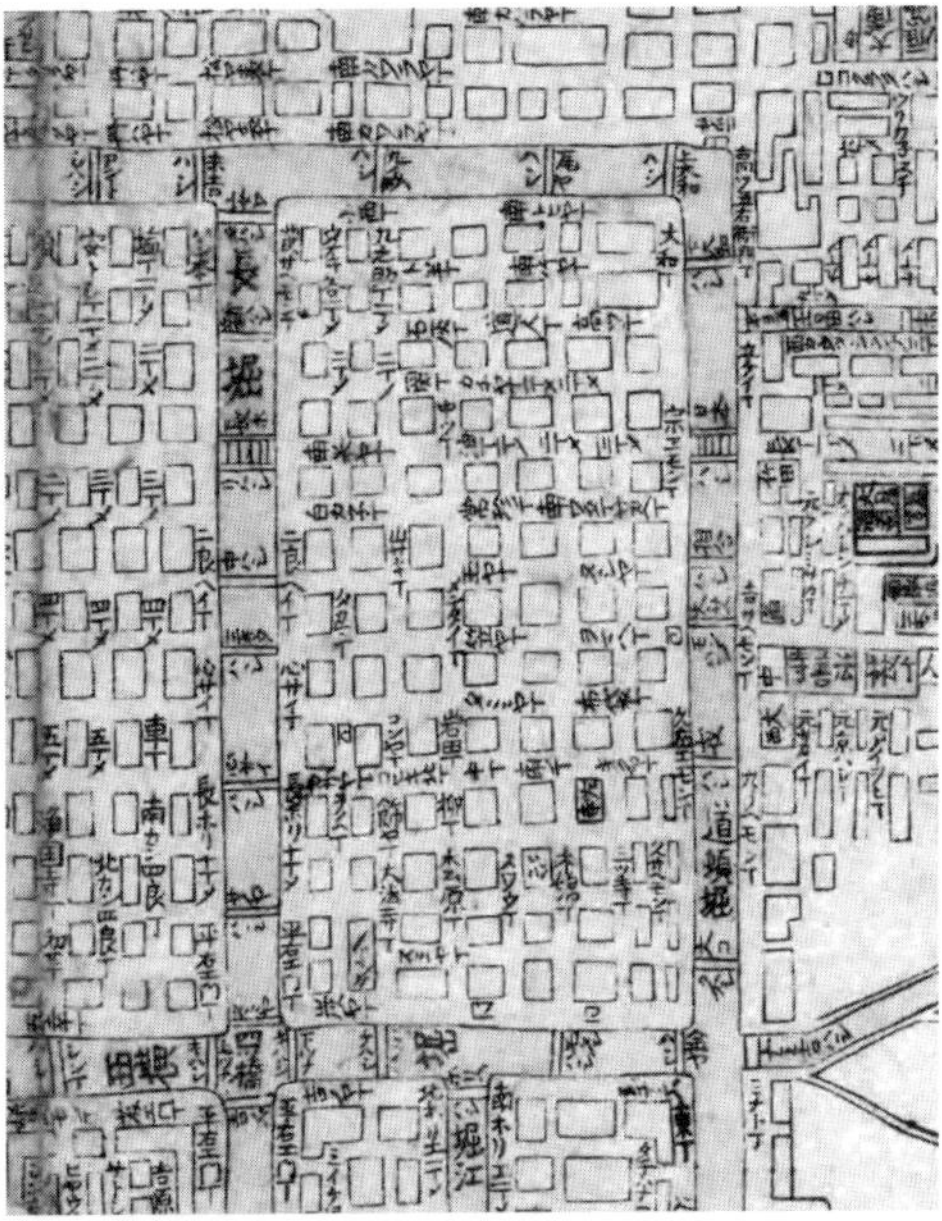

1789（寛政元）年発行の『大阪絵図』（部分。左が北の方角）。江戸時代、4本の川に囲まれた島之内は、まるで島のような立地にあった。（国立国会図書館蔵）

また、一六二六（寛永三）年、道頓堀南岸に芝居小屋や遊所の開業が許されると、北岸の島之内は、芝居見物後に飲食を楽しむ町としても賑わった。

しかし、そんな島之内も昭和になると、大きく変貌を遂げることとなる。一九七〇（昭和四五）年の大阪万博の開催に伴ってインフラが整備されることとなり、一九六四（昭和三九）年、長堀川と西横堀川の埋め立てが行なわれたのである。

こうして現在の姿となった島之内だが、江戸時代以来の賑わいはいまも薄れていない。江戸時代から飲食店街だった道頓堀北岸、堺筋沿いのオフィス街、心斎橋筋の商店街など、かつての花町はいまも活気あふれる一帯となっている。

三重県の東側は、本当は「関東」地方だった!?

名古屋線

日本の全四七都道府県は、それぞれが「北海道」「東北」「関東」「中部」「近畿」「中国」「四国」「九州」の八つの地方に区分されている。

そのなかで、唯一曖昧なのが三重県である。中部地方の中心都市・名古屋にも、近畿地方の中心都市・大阪にも近い三重県は、いったいどちらに属しているのか。

教科書の記述では、一九〇三（明治三六）年以降、三重県は「近畿地方」として扱われている。これは古代において、三重県周辺が畿内から近い「近国」とされていたためだ。

畿内は京に近い国々を指す言葉で、大和《やまと》・山城《やましろ》・河内《かわち》・摂津《せっつ》・和泉《いずみ》の五か国のこと。三重県を構成していた伊賀《いが》・伊勢《いせ》・志摩《しま》・紀伊《きい》の四か国は、すべて近国に含まれていた。そして明治時代に、畿内と近国、さらに、それまでの「畿内」や「道」に変わる地域区分の名称として、従来、「じかた」と呼ばれ地元を意味するものであった「地方」という言葉が使用され、近畿地方とされたのである。

ただし、一九六三（昭和三八）年に出された近畿圏整備法では「近畿圏」、一九六六

（昭和四二）年に出された中部圏開発整備法では「中部圏」に指定されている。地方区分は法令で決められているものではなく、歴史的背景や地理的条件、経済的な結びつきなど、様々な要素が考慮されて分類されている。そのため三重県は、「近畿」にも「中部」にも属しているということができる。

古代の三関

律令時代、都を守るために伊勢に鈴鹿関、美濃に不破関、越前に愛発関が設置される。これら3つの関所から東側の地域は、「関東」と呼ばれていた。

古代「鈴鹿の関」は関東と関西の境界線だった

一般に近畿地方に分類される三重県だが、古代においては近畿でも中部でもなかった。じつは「関東地方」に所属していたのである。

もちろん、現在の関東地方のことではない。

古代日本には、畿内を中心に三つの関所が設けられていた。これを三関《さんげん》という。畿内から北陸道へと続く越前国の愛発関《あらちのせき》（福井県）、畿内から東山道へと続く美濃国の不破関《ふわのせき》（岐阜県）、畿内から東海道へと続く伊勢国の鈴鹿関《すずかのせき》（三重県）である。そしてこれら三つの関所から東側の地域が、まとめて「関東」と呼ばれていたのだ。

これらの関所が設置されたのは、六四六（大化二）年のこと。畿内を守る重要な防備施設としての役割を担った。要衝の地であったため、たびたび歴史の舞台となっている。

六七二（天武元）年に起きた壬申《じんしん》の乱では、不破関と鈴鹿関を押さえた大海人皇子《おおあまのおうじ》（天武天皇）が、皇位継承権を争った大友皇子《おおとものおうじ》を破った。また、七二九（天平元）年の長屋王《ながやおう》の変の際には、藤原氏が三関を守らせたうえで長屋王の屋敷を取り囲み自害に追い込んでいる。またそれ以外にも、天皇崩御の際は政情不安を未然に防ぐため、たびたび三関が閉鎖（固関《こげん》）された。

このように重要地点だった三関だが、桓武《かんむ》天皇の治世に入ると、中央集権国家の体裁が整って政情が安定、三関を守る必要性が薄れたため、七八九（延暦八）年、廃止された。ただし、廃棄されたというわけではなく、その後も関所は存続。桓武天皇の崩御時、薬子の変勃発時など、政情が混乱した際には固関が行なわれた。また、九世紀初頭、愛発関に代わり、近江国逢坂関《おうさかのせき》が三関の一となっている。

第五章

なるほど、そういう由来があったのか！納得の地名ルーツ

「飛鳥」と書いて「あすか」と読む怪

吉野線 F44

飛鳥
あすか
Asuka

奈良県明日香《あすか》村は、村内の至るところに古代の遺跡が残る地として知られる。中大兄皇《なかのおおえのおう》子《じ》が蘇我入鹿《そがのいるか》を暗殺し、大化の改新の端緒となった「飛鳥板蓋宮《あすかいたぶきのみや》跡」や、一九七二（昭和四七）年に石室内部から極彩色の壁画が発見されて一躍話題となった「高松塚《たかまつづか》古墳」、蘇我馬子の墓だと伝わる「石舞台古墳」など数え上げれば切りがない。歴史ファンにはたまらない場所だ。

明日香村の玄関口の役割を果たしているのが、吉野線の飛鳥駅である。一九二九（昭和四）年三月三一日、吉野鉄道の橋寺駅として開業した。大阪電気軌道、関西急行鉄道時代を経て、一九四四（昭和一九）年六月一日、吉野線の駅となった。現在の駅名へ改称されたのは、一九七〇（昭和四五）年八月一日のことである。

「あすか」は「安らかな地」？

ここでひとつ疑問が生じる。なぜ「飛鳥」と書いて、「あすか」と読むのだろうか。

蘇我馬子が発願して建立した日本最古の官寺・飛鳥寺。平城京遷都の際、奈良へ移転して元興寺と称した。

蘇我馬子の墓と伝わる石舞台古墳。もともと盛土で覆われていたが、時代を経るにつれて土が失われ、巨大な石室が露出した。

歴史を紐解くと、「飛鳥」という文字は、歴史の授業で学ぶ「飛鳥時代」という時代区分や、日本最古の官寺「飛鳥寺（六世紀の創建当初は元興寺、法興寺などと呼ばれたが、『日本書紀』中に飛鳥寺という文言が見える）」などに見ることができる。

「飛鳥」の由来をたどると、漢字文化が日本に流入する以前、この地一帯に「あすか」と呼ばれる地域があったのではないかと推測されている。そしていざ漢字化する際、「あすか」という言葉に充てられたのは「安宿」で、「安らかな地」という意味である。実際、河内国の郡名に「安宿」が使われ、光明皇后が安宿《あすか》媛という名であったことからも安宿という名称が一般的だったことがわかる。

それでは、どうして「安宿」が「飛鳥」へと転じたのか。その理由については諸説唱えられているが、そのなかで有力視されているのが「枕詞説」だ。

日本最古の歌集『万葉集』に収録されている「飛ぶ鳥の　明日香の里を　置きて去なば君が辺りは　見えずかもあらむ」に見えるように、地名「あすか」の枕詞として「飛ぶ鳥の」という言葉がよく使われた。鳥が羽を休めることができるほどの安らかな地であったことから、この枕詞が成立したのであろう。そうして「飛ぶ鳥の」という枕詞が使われるうちに、「飛ぶ鳥」が「あすか」の代名詞となり、短縮して「安宿」の文字の省略が行なわれ、いつしか「飛鳥」だけで「あすか」と読まれるようになったと考えられる。

長野線 018

富田林
とんだばやし
← Tondabayashi

かつては豊饒な地？いやいや本当は「泥田」でした

大阪府の南東部、石川左岸の河岸段丘上に位置する富田林《とんだばやし》という地名が史上に現われるのは戦国時代のことである。一五五九（永禄二）年九月日付の『畠山高政《はたけやまたかまさ》（河内国守護）禁制』に、「富田林」と見えるのが初見とされる。

その後、一五六〇（永禄三）年、浄土真宗興正寺《こうしょうじ》の一四世証秀《しょうしゅう》上人が銭一〇〇貫文でこの墓地を購入すると、その翌年、近隣の毛人谷《えびたに》村、新堂《しんどう》村、山中田《やまちゅうだ》村、中野《なかの》村四村の庄屋八人に諸々の公事を任せて開発させ、寺内町《じないまち》を形成した。

寺内町とは、寺院の御坊を中心とする宗教自治都市のことである。当時の富田林の町域は四町（約四四〇メートル）四方で、街路は碁盤目状に切り拓かれ、周囲には堀が巡らされていたといわれる。

江戸時代の幕藩体制下では寺内町の宗教色は薄れたが、石川による舟運に加え、北西部を通る東高野街道によって東は大和、西は堺《さかい》へ通じるという交通の便のよさから、一躍南河内の商業の中心都市となった。

そんな富田林がさらに発展を遂げるのは、河陽《かよう》鉄道（現・近鉄長野線）柏原〜富田林間が開通した一八九八（明治三一）年のことである。一九〇二（明治三五）年には富田林から河内長野《かわちながの》まで延伸したことで、沿線の北西部の開発が進み、北部は工業都市、西部は学園都市、住宅地区となった。

人口も着実に増加し、一九五〇（昭和二五）年、市制施行して富田林市が成立。いまに至る。

富田林の由来を示す二つの説

富田林駅を降り、南へ一〇分ほど歩くと、かつての寺内町エリアへたどり着く。現在も戦国時代の町割りの様子をうかがうことができ、江戸時代以降に建設された町家も往時の姿を留めている。一九九七（平成一九）年、寺内町一帯は、国の重要伝統的建造物群保存地区に指定された。これは、大阪府ではこの富田林一か所のみの指定である。

それでは、「富田林」という地名には、いったいどのような意味合いが秘められているのだろうか。

富田林という名前の響きから、古来、豊穣な地だったのではないかというイメージを抱く人は多いだろう。

現在も富田林にはかつての寺内町時代の名残を見ることができる。

しかし、実際はそうではなかった。かつてこの辺り一帯は、湿地帯が広がる泥田《どろだ》だったと伝わる。その泥田が「富田」へと転訛し、証秀上人が寺内町の基盤を整備した際、「富田林」と地名が改められたという。

一方、富田は屯田《とんでん》に由来するという説もある。屯田とは、大和王権の大王が領有する田地のことを指す。『日本書紀』によると、垂仁天皇の時代に屯田が定められ、その管理者として屯田司が置かれた。その後、奈良時代になると、屯田は官田と呼ばれるようになる。大和国、摂津国にそれぞれ三〇町、河内国、山城国にそれぞれ二〇町の官田があったという。全国に残る「富田」地名の多くは、この屯田に由来すると考えられている。

「ごせ」？「ごしょ」？いったいどっち!?

御所線 P 26

近鉄御所
きんてつごせ
← Kintetsu-Gose

南大阪線・尺土《しゃくど》駅から分岐し、近鉄御所《ごせ》駅までを結ぶ総延長五・二キロメートルの御所線は単線であるが、ほぼ全線で複線用の土地が確保されている。これは、もともと南和《なんわ》電気鉄道（南大阪線の前身・大阪鉄道の子会社）が磐城《いわき》から五條《ごじょう》までの路線を計画していたためだ。しかし、一九三〇（昭和五）年一二月九日、尺土～南和御所町（現・近鉄御所）間のみが開通し、現在に至る。

終点の近鉄御所駅は、奈良県御所市に位置する。葛城《かつらぎ》山の奈良県側の登山口にあたることから、行楽シーズンには多くの登山客で賑わいを見せる駅だ。駅からバスで二〇分ほど揺られると、葛城山ロープウェイ（近鉄葛城索道線）の葛城登山口駅に到着する。現在、大手私鉄が営業する索道線としては唯一のものである。葛城山上駅から葛城山山頂まではおよそ四〇〇メートル。山上からは奈良盆地が一望でき、その雄大な光景は言葉では言い表せないほどだ。

地元の人ならばいざ知らず、一読して御所を「ごせ」と読める人はなかなかいないので

三室山に築かれた孝昭天皇陵。三室が転じて「御所」になったといわれる。

はないだろうか。京都御所のように、「ごしょ」と読んでしまいがちである。

いったいなぜ、御所と書いて「ごせ」と読むようになったのか。その理由を知るために、御所の歴史について振り返っていこう。

御所はもともと「三室」だった?

御所という地名が史書に初めて登場するのは、奈良・興福寺多聞院の院主が書き残した『多聞院日記』永禄一二年(一五六九)七月一七日条である。ここに、「御所(ごせ)荘」という文字を見ることができる。少なくとも、一六世紀には「ごせ」と読まれていたことがわかる。

それでは、なぜ「御所」に「ごせ」とい

う読みをあてるようになったのか。これについては諸説唱えられている。そのなかでも有力視されているのが、三室山《みむろ》に由来するという説である。

三室山は、近鉄御所駅の南、三室地区にそびえる標高約八二メートルの山だ。古来、三室山は神が鎮座する神奈備《かむなび》山として信仰を集めた。そのため三室が「御室」、「御諸」と転じ、「ごしょ」と読まれるようになった。しかし、いつしか「ごしょ」は「ごせ」と読まれるようになり、また、表記も「御諸」から「御所」へと転じた。ただし、読み方はそのまま残されたため、「御所」と書いて「ごせ」と読むようになったのではないかという。

そのほか、古代、この地には豪族・巨勢《こせ》氏がいて、その「巨勢」が「御所」に転訛した説、孝昭《こうしょう》天皇の池心《いけごころ》宮の御所が転訛した説、御所市内を流れる葛城川に五つの河瀬があったことから「五瀬」と呼ばれて「御所」へ転じた説などもある。いずれにせよ、確固たる定説は存在しないのが現状だ。

また、ややこしいことに、御所市の名産である「御所柿」はなぜか「ごしょがき」と読む。「ごせ」の由来とともに、謎は深まるばかりだ。

海に面していないのにどうして「船」宿寺？

御所線　P 26
近鉄御所
きんてつごせ
← Kintetsu-Gose

御所線の終着駅である近鉄御所駅で降り、五條方面行きのバスに乗って船路《ふなじ》バス停で下車、そこから徒歩で一〇分ほど歩いたところに、船宿寺《せんしゅくじ》は鎮座する。創建は神亀年間（七二四〜七二九）にさかのぼると伝わる古刹だ。

「関西花の寺二十五ヵ所の札所」のうちのひとつに数えられているように、船宿寺の境内では、サクラやモミジ、ツバキなど、一年中、様々な種類の花を楽しむことができる。なかでも、四月下旬から五月にかけて咲き乱れるツツジがとくに名高い。山門手前から本堂に至るまで一〇〇〇株以上植えられているといい、普段は静寂に包まれる境内も、この時期は花見客で大いに賑わいを見せる。

昔、奈良盆地は海だった⁉

船宿寺は、北は奈良山丘陵、東は大和高原、西は生駒《いこま》・金剛《こんごう》山地、南は竜門《りゅうもん》山地といった山々に囲まれる奈良盆地に位置する。ここでひとつ疑問が頭に浮かぶ。海に面していないのに、なぜ寺号に「船」という文字が使われているのか。

その理由は、寺の創建時の出来事にある。

寺伝によると、神亀年間(七二四〜七二九)、奈良時代の高僧・行基《ぎょうき》が葛城の地を訪れた際、夢枕に老人が現われた。老人は、行基に「ここから東の山に船形の石がある。その上に薬師如来像を祀るように」とのお告げを下した。行基はこの言葉に従い、東の山へ向かうと、そこには確かに船形の石があった。そこで石の近くに庵を結ぶと、薬師如来像を祀り、「船宿寺」と名づけたと伝わる。

もっとも、考古学や人工衛星からのデータ分析などにより、縄文時代の奈良盆地は海だったと考えられている。すでに縄文時代から葛城・金剛山麓には人が住んでいたというから、奈良盆地に船を浮かべていた可能性も充分にあるだろう。

また、盆地上にある岡は「船岡(山)」と呼ばれることがあり、全国で一一か所確認できる。もっとも有名なのは、京都にある船岡山であるが、それだけぽっかりと目立つ形態を指して呼びならわしていたことも考えられる。

船宿寺から西へ少し行ったところに残る「船路」という地名も、古代の奈良の人々が使った「船の道」が存在していたであろうことをうかがわせてくれる。

地名「阿倍野」なのに駅名「阿部野橋」漢字を間違えているの!?

南大阪線 F01

大阪阿部野橋
おおさかあべのばし
← Osaka-Abenobashi

二〇一四（平成二六）年三月七日、大阪市阿倍野《あべの》区に近鉄が「あべのハルカス」を開業させたことは記憶に新しい。地上六〇階建てで、その高さは三〇〇メートル。日本でもっとも高い超高層ビルだ（二〇一六年四月時点）。

高さだけではない。あべのハルカス内に入る近鉄百貨店の売り場面積は約一〇万平方メートルで、単独の百貨店としては日本一の規模を誇る。

もともと阿倍野・天王寺《てんのうじ》エリアは、大阪阿部野橋駅、ＪＲ天王寺駅などにより、大阪南部や和歌山への玄関口としての役割を担っていた。実際、大阪阿部野橋の乗降客数は多く、駅では一日平均一五万九〇七五人もの人が利用する（二〇一二年、近鉄調べ）。この数字は、近鉄全駅のなかでももっとも多い。

しかし、阪急電鉄の拠点駅である梅田《うめだ》駅、南海電鉄の拠点駅である難波《なんば》駅と比較すると、魅力的な商業施設がなく、ただ通過するだけの場所であった。そこで近鉄は、阿倍野にランドマークとなる施設を建設することで、大阪阿部野橋駅へ向かう人の流れを生み出そうとしたのである。

あべのハルカス開業からわずか四か月後には、来場者数が一〇〇万人を突破。一年間で、二五八万人もの人が同所を訪れた。近鉄のもくろみは、成功したといえるだろう。

混在する「阿倍野」と「阿部野」

大阪阿部野橋駅は、あべのハルカスの一階に位置している。ここで気になるのは、所在地が「阿倍野区」であるのに、なぜか漢字が異なる点である。

駅の周辺に目を転じると、阿倍野という漢字を用いているのは、地下鉄谷町《たにまち》線と阪堺上町《はんかいうえまち》線の「阿倍野駅」、阿倍野橋、阿倍野筋などがある。大阪阿部野橋駅の出口案内表示にも「阿倍野口」とある。

一方、阿倍野区内には、阿部野神社がある。

はたして、正しいのはいったいどちらなのか。正解は、どちらも正しい表記である。

「あべの」という地名は、古代この地を治めていた豪族・阿倍氏に由来するという説が有力視されている。日本最古の歌集『万葉集』や、日本初の勅撰和歌集『古今和歌集』にも「阿倍野」が登場する。

「阿部野」という表記が登場するようになったのは、室町時代以降のことであるといわれ

大阪阿部野橋駅。駅開業当時の地名に合わせて「部」が用いられた。

阿倍野橋に架かる阿倍野橋歩道橋。こちらには「倍」が用いられている。

る。ただし当時は「倍」と「部」が混在していたようだ。

阿倍野区によると、当初名称を決める際、やはり「倍」と「部」、どちらの表記を用いるのかといった議論があったという。阿倍野区が誕生したのは、一九四三（昭和一八）年四月一日のことである。「倍」と「部」が混在して使われている状況にあって、決め手となったのは、土地台帳や戸籍原簿が「倍」を使っていたことにあった。そのため、「阿倍野区」という名称を採用したということだ。

それでは、大阪阿部野橋駅はどういう経緯で名づけられたのか。もともと同駅は、大阪電気軌道の駅として一九二三（大正一二）年四月に開業した。当初、駅名は「大阪天王寺」だったが、一九二四（大正一三）年、国鉄天王寺駅と区別するために「大阪阿部野橋」へと改称された。近鉄によると、駅名を変更した当時、天王寺村の大字が「阿部野」だった。そこで駅名も地名にちなんだものとなった。

こうした経緯により、現在でも「阿倍野」と「阿部野」が混在する状況が生まれたのである。もっとも、最近は「あべの」とひらがなで表記するケースが増えてきている。

大阪線 D44
長谷寺
はせでら
Hasedera

「長谷」を「はせ」と読むその納得の理由

大阪と奈良、三重という三大都市圏を結ぶ近鉄の基幹路線・大阪線のうち、長谷寺駅《はせでら》は奈良県桜井市《さくらい》に位置する。その名の通り、長谷寺へのアクセス駅として参宮急行電鉄が一九二九（昭和四）年一〇月二七日に開業した。

その後、関西急行鉄道を経て、近鉄の駅となったのは一九四四（昭和一九）年六月一日のことだ。

長谷寺駅の北、徒歩一五分ほどのところに長谷寺は鎮座する。寺伝によると、六八六（朱鳥元）年五月、天武天皇が病を発した際、興福寺の僧・道明《どうみょう》上人が初瀬《はせ》の西の岡に一宇を造立し、そこに「銅板法華説相図（国宝）」を安置したことにはじまると伝わる（本長谷寺）。

その後、七二七（神亀四）年、聖武天皇の勅を奉じた道明上人の弟子・徳道《とくどう》上人が初瀬の東の岡にお堂を築くと、そこに十一面観音菩薩を祀った。これが、現在の長谷寺本堂である。

本堂は、二〇〇四（平成一六）年一二月に国宝に指定されている。

長谷寺は、「花の御寺」とも呼ばれる。境内に一歩足を踏み入れると、目の前に広がるのは美しく咲き誇る花々。サクラやボタン、アジサイ、モミジといった四季折々の花が出迎えてくれ、参拝者の目を楽しませてくれる。

なかでもボタンは、一五〇種七五〇〇株にも及ぶ。ボタンの見ごろは五月上旬である。満開のボタンを見るため、ゴールデンウィークにはじつに数十万以上もの人が同寺に足を運び、賑わいを見せる。

「長谷」を「はせ」と読むワケ

この長谷寺も、由来が謎めいている地名のひとつだろう。どうして「長谷」と書いて「はせ」と読むのだろうか。

その答えの理由は、長谷寺の鎮座地「初瀬」にある。

日本最古の歌集『万葉集』に、「隠国《こもりく》の　泊瀬《はつせ》の山に　照る月は　満ち欠けしけり　人の常無き」という歌が残るように、初瀬はかつて「泊瀬」と呼ばれていた。

都から見て、泊瀬は山に囲まれてまるで陰のようになっていた場所であり、古代、都の葬送地だったことから、「隠国の」という言葉が枕詞で使われるようになった。

長谷寺。1年を通して美しい花を楽しむことができる。

このように、泊瀬の枕詞は「隠国の」であったが、ときには「長谷《ながたに》の」という言葉を枕詞として使用することがあったといわれる。これは、泊瀬の地形が一〇キロメートル近くにわたって谷が続くことからきている。

こうして「長谷の泊瀬」という言葉が使われるうちに、やがて「長谷」が「はつせ」と読まれるようになった。実際、『万葉集』にも、「長谷《はつせ》の斎槻《ゆつき》が下にわが隠せる妻　茜さし照れる月夜《つくよ》に人見てむかも」という歌が残る。

時代が経ると、「はつせ」という読みが省略されて「はせ」と読まれるようになる。そうしていつからか、「長谷」を「はせ」と読むようになったと考えられている。

【取材協力】

近畿日本鉄道、菰野町、奈良町物語館、平城京歴史館

【主な参考文献】

『近畿日本鉄道１００年のあゆみ』『近畿日本鉄道80年のあゆみ』『50年のあゆみ』（近畿日本鉄道株式会社）／『沿線風景』原武史、『関西鉄道遺産　私鉄と国鉄が競った技術史』小野田滋、『三重県』小玉道明、『[図説]日本の鉄道　東海道ライン　全線・全駅・全配線　第8巻　名古屋南部・紀勢東部』川島令三編著（以上、講談社）／『伊勢市史　第二巻』『伊勢市史　第三巻』（以上、伊勢市）／『菰野町史　上巻』（菰野町）／『山城町史　本文編』（山城町役場）／『四日市市史　第19巻』（四日市市）／『田原本町史　本文編』（田原本町）／『奈良市史　通史三』『奈良市史　通史四』（以上、奈良市）／『週刊私鉄全駅・全車両基地　近畿日本鉄道1・2・3・4』（朝日新聞出版）／『ＪＲ・私鉄全線各駅停車　東海道５７０駅』宮脇俊三、原田勝正編、『興福寺のすべて』多川俊映、金子啓明編（以上、小学館）／『お伊勢まいり』西垣晴次（岩波書店）／『奈良大和路の古寺』、『よくわかる日本建築の見方』中川武、『近鉄の廃線を歩く』徳田耕一、『鉄道廃線跡を歩くⅢ』『鉄道廃線跡を歩くⅣ』宮脇俊三編著、『鉄道未成線を歩く　私鉄編』森口誠之、『関西　電車のある風景　今昔Ⅱ　大阪・京都・神戸の私鉄…定点対比昭和30・40年代といま』高山禮蔵、『聖徳太子の寺を歩く』南谷恵敬監修、林豊著（以上、ＪＴＢパブリッシング）／『地下水学会誌　第36巻第3号』（日本地下水学会）／『土木史研究講演集　Ｖｏｌ．２３』（土木学会）／『奈良大学紀要　第14号』（奈良大学）／『まるごと名古屋の電車ぶらり沿線の旅　ＪＲ・近鉄ほか編』『まるごと名古屋の電車ぶらり沿線の旅　名鉄・地下鉄（名市電）ほか編』徳田耕一（以上、河出書房新社）／『奈良・大和の古寺あるき』『てくてく歩き　京都』、『京都謎解き街歩き』『なんだこりゃ?!　まだまだあるぞ「県境」&「境界線」の謎』浅井建爾（以上、実業之日本社）／『伊勢のみち／桑名のみち』（桑名市博物館）／『伊勢神宮の謎　なぜ日本文化の故郷なのか』『奈良１３００年の謎』高野澄、『京都奈良「駅名」の謎』谷川彰英、『国道の謎』松波成行（以上、祥伝社）／『わかる!元興寺　元興寺公式ガイドブック』宗教法人元興寺編著（ナカニシヤ出版）／『伊勢・熊野　謎解き散歩』井上宏生（廣済堂出版）／『伊勢・熊野路を歩く』森本剛央、山野肆朗（ウェッジ）／『伊勢志摩歴史紀行』中村菊男（秋田書店）／『伊勢電・近鉄の80年』椙山満、上野結城編、『京都辺・木津川・綴喜・相楽の今昔』中津川敬朗（以上、郷土出版社）／『駅名の謎』所沢秀樹（山海堂）／『角川日本地名大辞典24　三重県』『角川日本地名大辞典27　大阪府』『角川日本地名大辞典29　奈良県』角川日本地名大辞典編纂委員会（以上、角川書店）／『関所　その歴史と実態』大島延三郎、『奈良県謎解き散歩』大宮守友編著、『三重県謎解き散歩』矢野憲一編、『御所歴史読本』（以上、新人物往来社）／『吉野　その歴史と伝承』宮坂敏和（名著出版）／『旧生駒トンネルと朝鮮人労働者』田中寛治、川瀬俊治ほか（国際印刷出版研究所出版部）／『京の古道を歩く』増田潔（光村推古書院）／『郷土史事典　三重県』平松令三編（昌平社）／『郷土資料事典29　大阪府』（人文社）／『近世上方の民衆』小林茂（教育社）／『近代日本と地域交通　伊勢電と大軌系（近鉄）資

本の動向』武知京三（臨川書店）／『近畿日本鉄道のひみつ』ＰＨＰ研究所編、『鉄道なるほど雑学事典』川島令三編著、『鉄道の謎なるほど事典』所沢秀樹、『奈良の寺社１５０を歩く』山折哲雄監修（以上、ＰＨＰ研究所）／『近鉄大阪名古屋線歴史散歩』藪景三（鷹書房）／『近鉄奈良線　街と駅の1世紀』藤原浩（彩流社）／『桑名ふるさと検定　桑名のいろは』桑名ふるさと検定実行委員（桑名商工会議所）／『古地図で歩く大阪　歴史探訪ガイド』ペンハウス（メイツ出版）／『光太夫を生んだ船文化』（鈴鹿市大黒屋光太夫記念館）／『行商列車』山本志乃、『奈良名所むかし案内　絵とき「大和名所図会」』『大阪古地図むかし案内　読み解き「大阪大絵図」』本渡章（以上、創元社）／『佐屋路歴史散歩』日下英之（七賢出版）／『三重のまつり』松浦良代（光書房）／『三重県のかくれた名所』三重フィールド研究会編（三重県良書出版会）／『三重県の地理散歩』三重地理学会編（荘人社）／『三重県の歴史』西垣晴次、松島博、『三重県の歴史散歩』三重県高等学校日本史研究会（以上、山川出版社）／『四天王寺』宮本輝、『東大寺』狹川宗玄、吉岡幸雄（以上、淡交社）／『四天王寺と大阪』生田南水（大阪六葉會）／『俊徳街道・十三街道　：幽玄の中世の道をゆく』杉山三記雄（読書館）／『新線鉄道計画徹底ガイド　西日本編』川島令三（山海堂）／『全国神社名鑑　下巻』全国神社名鑑刊行会史学センター（全国神社名鑑刊行会史学センター）／『全国鉄道事情大研究　京都・滋賀篇』『全国鉄道事情大研究　名古屋都心部・三重県』川島令三（以上、草思社）／『太古の旅、琵琶湖』横山卓雄（京都自然史研究所）／『大学的奈良ガイド』奈良女子大学文学部なら学プロジェクト編（昭和堂）／『大黒屋光太夫の接吻』生田美智子、『日本歴史地名大系30　奈良県の地名』（以上、平凡社）／『大阪地名の謎と歴史を訪ねて』『大阪地名の由来を歩く』『大阪・関西の「謎と不思議」を歩く』若一光司（以上、ＫＫベストセラーズ）／『大阪のお勉強』前垣和義（西日本出版社）／『奈良の地名由来辞典』池田末則、『鉄道　駅と路線の謎と不思議』梅原淳、『大阪の地名由来辞典』堀田暁生（以上、東京堂出版）／『大阪古地図物語』原田伴彦、矢守一彦、矢内昭（毎日新聞社）／『大阪電気軌道株式会社三十年史』大阪電気鉄道株式会社編（日本経済評論社）／『大和・飛鳥考古学散歩』伊達宗泰（学生社）／『大和を歩く』奈良地理学会編（奈良新聞社）／『地形図に歴史を読む　第一集』藤岡謙二郎編（大明堂）／『鉄道でめぐる　ゆるり京都ひとり旅』羽川英樹（京都しあわせ倶楽部）／『桃太郎サミット田原本大会』（田原本町役場産業建設部産業振興課）／『道路事業概要』（三重工事事務所）／『奈良新発見　いまに生きる歴史を歩く』奈良県歴史教育者協議会（かもがわ出版）／『謎解き京都』読売新聞大阪本社編集局（読売新聞社）／『日本の町並み２５０』（山と渓谷社）／『日本全国神話伝説の旅』吉元昭治（勉誠出版）／『日本地名事典　近畿』（朝倉書房）／『別冊宝島２３０３　知られざる国道の世界』佐藤健太郎（宝島社）／『宝暦治水事件：歴史を動かした治水プロジェクト』牛嶋正（風媒社）／『明治天皇大喪儀写真』橋爪紳也（新潮社）／『木津川物語』第26回国民文化祭木津川市実行委員会（京都府立山城郷土資料館）／『髑髏の世界：一休宗純和尚の跡をたどる』中川徳之助（水声社）

伊勢志摩経済新聞／産経新聞／奈良日日新聞／日本経済新聞／毎日新聞

監　修

天野太郎（あまの たろう）

兵庫県生まれ。京都大学大学院人間・環境学研究科博士前期・後期課程、および同研究科助手を経て、現在は同志社女子大学教授。地理学、観光学、地域開発について研究。おもな共著に『大学的京都ガイド』（昭和堂）、『平安京とその時代』（思文閣出版）、『日本と世界のすがた』（帝国書院）など。監修として『阪急沿線の不思議と謎』『南海沿線の不思議と謎』（ともに小社刊）がある。

※本書は書き下ろしオリジナルです。

JIPPI Compact

じっぴコンパクト新書　289

近鉄沿線《きんてつえんせん》の不思議《ふしぎ》と謎《なぞ》

2016年5月14日　初版第1刷発行

監　修……………………天野太郎
発行者……………………岩野裕一
発行所……………………実業之日本社
〒104-8233　東京都中央区京橋 3-7-5　京橋スクエア
電話（編集）03-3535-2393
（販売）03-3535-4441
http://www.j-n.co.jp/
印刷所……………………大日本印刷株式会社
製本所……………………株式会社ブックアート

ISBN978-4-408-11187-2（学芸）